Inspiration to go

Renate Wettach (Hrsg.)

Inspiration to go

40 bunte Bausteine für das nächste Level

Bibliografische Information der Deutschen Nationalbibliothek
Die Deutsche Nationalbibliothek verzeichnet diese Publikation in der Deutschen Nationalbibliografie; detaillierte bibliografische Daten sind im Internet über http://dnb.d-nb.de abrufbar.

Umschlaggestaltung: Renate Wettach unter Verwendung einer Grafik von pixabay.com
Fotos: wenn nicht anders angegeben, stammen alle Fotos im Buchinnenteil von den Autor:innen des jeweiligen Kapitels.
Die QR-Codes wurden erzeugt mit: https://www.qrcode-monkey.com.

ISBN 978-3-945542-87-3 (Print Softcover)
E-ISBN 978-3-945542-88-0 (ePUB)

© LöwenStern Verlag Renate Wettach
Frankfurt am Main 2023, 1. Auflage

Gedruckt auf alterungsbeständigem, säurefreiem Papier
Druck: CPI Druckdienstleistungen GmbH, Ferdinand-Jühlke-Straße 7, 99095 Erfurt

Alle Rechte vorbehalten. Nachdruck und Verwendung, auch auszugsweise, nur mit ausdrücklicher Genehmigung des LöwenStern Verlags.
Verlag, Redaktion, Herstellung, Design & Layout:
Renate Wettach, LöwenStern Verlag, Weckerlinstr. 4, 65929 Frankfurt am Main, Deutschland
https://loewenstern-verlag.de

Inhaltsverzeichnis

Vorwort 9

Marion Becker 11
    Kunst in deinem Zuhause ist ein Statement –
    DEIN Statement! 12

Melanie Hagemann 15
    Man dachte, es wäre eine tolle Idee 16

Karina Kotte 19
    Butter ist Freiheit! 20

Natalie Molker 23
    Lampenfieber 24

Jens Breitbarth 27
    Ein Quantum Optimismus 28

Florian Caspers 31
    Ein Logo ist noch keine Positionierung! 32

Tanja Hellmuth 35
    Own Your Future 36

Christian Sunderdiek 39
    Drei Stunden mehr Freizeit, jeden Tag. Interessiert? ... 40

Susie Gee 43
    Finanzielle Unabhängigkeit für Frauen – History and Basics ... 44

Carina Konrath 49
    Komm mit zur Vernissage deines Lebens! 50

Edda Döpke **53**
    Wie vernünftig bist eigentlich DU? 54

Christoph Haag **57**
    Barcode Gesundheit – Weil Gesundheit abgelesen wird! 58

Beate Roos **61**
    Führungskraft statt Vorgesetzter 62

Jürgen Menhart **65**
    WAKE UP! Raus aus der Friedhofsstimmung 66

Birgit Richly **69**
    Tritt aus dem Schatten deiner Vergangenheit und lebe! 70

Susanne Baier **73**
    Hochsensibilität to go 74

Bastian Rohrhuber **77**
    Vision statt Zerstreuung 78

Oya Erdoğan **81**
    Meditieren wirkt 82

Evelyne Schneider **85**
    Ein Plädoyer für den Zweifel 86

Katja Oeller **89**
    Zeige, WER du bist, und deine Kunden werden dich lieben ... 90

Ina Ueberschär **93**
    Ein guter Selbstwert – eine gute Zukunft 94

Sabrina Stelly **97**
    Wir brauchen ein neues Verständnis von Führung 98

Dr. Barbara Flügge **101**
    Wie erfolgreich willst du sein? 102

Andreas Stocker **105**
Ich arbeite in einer Branche, die mich seit 25 Jahren
permanent versucht arbeitslos zu machen 106

Brigitte Huppertz **109**
Ein unbedachter Satz und plötzlich ist die Stimmung im
Raum explosiv 110

Dr. Anna Hörath **113**
Das Mindset der Gewinner:
Krieg und Liebe auf dem Olymp von Zeus 114

Agnes Schütz **117**
Epigenetik: Vom Opfer der Krankheit zum
Schöpfer der Gesundheit 118

Christian Lehr **121**
Ziele!? 122

Ralf Beutel **125**
„Wenn du es träumen kannst,
dann kannst du es auch erschaffen" (Walt Disney) 126

Barbara Brunner Cozzolino **129**
Resilienz als Strategie: heißt, lerne dich zu biegen,
ohne zu brechen! 130

Katharina Kleiner **133**
In Umbruchzeiten wieder neu aufleben 134

Ditha de Rablo **137**
Egal, was im Leben passiert,
sei die beste Version von dir selbst 138

Julia Gigl **141**
Be Golden, denn Gold ist eine Einstellung! 142

Ute Schinnen **145**
　Die magische Verbindung von Spiritualität und Business...... 146

Ilka Waßmann **149**
　Erzähl doch mal etwas Spannendes über China!.................. 150

Viola Frauenfelder **153**
　Ich war immer ein fröhlicher Mensch, bis zu jenem Tag 154

Peter Menke-Glückert... **157**
　Verteiltes Arbeiten macht Spaß,
　kein Frust durch Homeoffice 158

Nicole Traut **161**
　Mein Name ist Nicole und ich bin die Frau, die alles hat...... 162

Kai Frauenfelder **165**
　Gesund essen ohne Quälerei 166

Karsten Oltersdorf.. **169**
　Was ist das Wichtigste im Unternehmen? 170

Vorwort

Was bringt Menschen dazu, auf einer Bühne zu sprechen?

Aktuell lässt sich beobachten, dass immer mehr Menschen den Weg auf die Bühne finden. Bühne, das sind nicht immer die „Bretter, die die Welt bedeuten" im Theater oder auf der Kinoleinwand. Denn Bühnen gibt es viele!

Hierzu zählen nicht nur die spektakulären Auftritte, die im Fernsehen übertragen werden, oder solche, die in riesigen Konferenzsälen vor Tausenden von Zuhörern stattfinden. Nein, auch die kleinen Bühnen dieser Welt sind von Bedeutung: Das Webinar, das über das Internet stattfindet, und die Rede im Kollegenkreis oder vor dem Firmenvorstand zum Jubiläum oder anlässlich der Weihnachtsfeier will ebenso geübt sein, damit sie ein voller Erfolg wird.

Vortragsredner sind gesucht wie nie. Nicht immer bekommen sie ein Honorar, aber immer werden sie wertgeschätzt und mit Applaus bedacht. Je eindrucksvoller und unterhaltsamer die Rede war, desto größer die Anerkennung durch das Publikum.

In diesem Buch haben sich 40 inspirierende Expertinnen und Experten zusammengefunden, die sich durch ihren Bühnenauftritt kennengelernt haben. Was ist es, das sie dazu veranlasste, auf einer Bühne zu sprechen? Alle haben sie eine Botschaft, die sie für so wertvoll erachten, dass sie diese Botschaft möglichst vielen Menschen weitersagen wollen. Manche waren „immer schon" mutig und extrovertiert, andere nahmen all ihren Mut zusammen und sind über ihren Schatten gesprungen. Und jeder einzelne von ihnen hat sich auf seinen ganz persönlichen Weg begeben, um anderen Menschen mit der eigenen Botschaft weiterzuhelfen und ihnen das Leben auf die eine oder andere Weise zu erleichtern. Sie greifen zurück auf ihre langjährige Lebens- und Berufserfahrung. Sie haben viel reflektiert und sich Gedanken gemacht, wie es im Privatleben und am Arbeitsplatz besser laufen könnte, als es heute der Fall ist. Keiner hat die Weisheit für sich allein gepachtet, sondern alle leisten ihren individuellen Beitrag zu einem vielfältigen, bunten Potpourri an Gedanken, Inspirationen und Erfahrungen aus dem eigenen Leben.

Kommen Sie mit in unseren virtuellen Vortragsraum und genießen Sie es, während der Lektüre dieses Buches in der ersten Reihe zu sitzen!

Wir wünschen Ihnen gute Unterhaltung!

Renate Wettach

Frankfurt am Main
Mai 2023

© Fotograf: Dominik Pfau

Marion Becker

Künstlerin für farbintensive, ausdrucksstarke Kunstwerke mit Acrylfarben

E: hallo@marionbecker-art.de
HP: https://www.marionbecker-art.de

Marion Becker

Kunst in deinem Zuhause ist ein Statement – DEIN Statement!

Hast du Kunstwerke in deinem Zuhause? Bilder, die du bewusst ausgesucht hast, die dir etwas bedeuten und dir gute Energie geben?

Mein Name ist Marion Becker. Ich bin Künstlerin und male kraftvolle und farbintensive Kunstwerke, die deine vier Wände zu einem Zuhause mit Charakter machen. Bilder, die auffallen, die besonders sind und deiner ART entsprechen.

Danke, dass du mir deine Aufmerksamkeit schenkst und mit mir in die leuchtende und faszinierende Welt der Kunst eintauchst.

Du wirst anschließend wissen, wie mächtig Farben sind und erkennen, Bilder sind viel mehr als nur Wandschmuck. Sie sind eine Lebenseinstellung, dein individueller Ausdruck. Sie spiegeln deine Persönlichkeit wider und sind ein Statement, das Mut braucht – Mut zur eigenen Individualität.

Ich zeichne und male schon mein Leben lang und liebe es, mit Acrylfarben farbintensive und ausdrucksstarke Bilder auf Leinwänden zu erschaffen. Ich habe farbenmutige und begeisterte Kunden, Sammler und Liebhaber meiner Kunstwerke in ganz Deutschland und weltweit. Privat bin ich Mutter eines erwachsenen Sohnes, habe zwei Katzen und liebe es, mich beim Wandern und Reisen von den Farben und der Einzigartigkeit der Natur inspirieren zu lassen.

Bitte stell dir Folgendes vor: du schaust auf das flammende Inferno eines Sonnenuntergangs. Du siehst tiefes, leuchtendes Rot, loderndes Orange und goldenes Gelb und möchtest deinen Blick gar nicht mehr abwenden. Ein angenehm wohliges Gefühl und die Wärme des glühenden Feuerballs spürst du auf deiner Haut. Tiefe Ruhe und ein Glücksgefühl machen sich in dir breit. Ein weiteres Bild für dich: du stehst an einem hellgelben, warmen Sandstrand. Die Sonne steht hoch am Himmel und du schaust auf ein Meer aus Licht und Farben. Du siehst schillerndes, glitzerndes Wasser bis zum Horizont – glasklar. Es spiegelt alle Nuancen von hellem Türkis bis hin zu tiefem Blau – du möchtest buchstäblich darin versinken. Ein pulsierendes Gefühl von Freiheit und Sehnsucht breitet sich in dir aus.

Du kennst diese Szenarien und die damit verbundenen positiven Empfindungen. Aber ist dir auch bewusst, dass es hauptsächlich die Farben sind, die diese Gefühle in dir auslösen? Farben haben Einfluss auf alle Menschen – und jede einzelne wirkt anders auf die Psyche und den Körper. Jede Farbe hat eine bestimmte Wellenlänge und Energie, die sich auf deinen Körper überträgt. Die oben beschriebenen Beispiele zeigen dir das sehr eindrücklich. Die Auswirkung der Farben ist körperlich zu spüren.

Du kannst auch in deinem Zuhause die positive Wirkung von Farben nutzen. Mit Möbeln, Teppichen, Accessoires, Blumen – oder mit farbintensiven Kunstwerken. Farben und Motive können ein Anker sein. Das kannst du positiv und sehr gezielt für dich nutzen. Du beamst dich beim Betrachten direkt in ein Gefühl – immer und immer wieder. Umgib dich mit Farben und Motiven, die dir gefallen, die gute Gefühle in dir auslösen. Mit Bildern und Farben, die du liebst. Jeder Raum in deinem Zuhause profitiert davon. Ein Bild in orangenen Tönen symbolisiert Optimismus und Lebensfreude. Es hellt die Stimmung auf und fördert die Kommunikation. Ein Morgenmuffel bekommt in einer Küche oder einem Esszimmer mit orangenen Bildern direkt gute Laune. Auch ein gelbes Bild passt gut in eine Wohnküche. Diese Farbe fördert die Kreativität und wirkt anregend auf Unterhaltungen. Beste Voraussetzungen für ein kulinarisches Event mit Freunden und Familie.

Ein Kunstwerk in dem Rot überwiegt, kann im Schlafzimmer Lust und Leidenschaft wecken. Rot macht Lust auf Sex. Eine bessere Farbe für diesen Raum gibt es kaum. Setze sie jedoch akzentuiert und dezent ein. Möchtest du dort lieber entspannen und eine kühlere Atmosphäre haben, dann ist ein Bild in blauen Tönen besser. Mit Farben kannst du das alles steuern! Ein Raum mit einem türkis dominiertem Farbkonzept wirkt eher kühl – jedoch sehr persönlich. Geistige Offenheit und Freiheit wird vermittelt. Wenn es dir entspricht, nutze diese Möglichkeit, dich und deine Persönlichkeit mit entsprechenden Kunstwerken zu zeigen. Hab Mut und Vertrauen, hier deiner Intuition zu folgen.

Sollen deine Räume edel und luxuriös wirken und bist du eher ein unkonventioneller und extrovertierter Typ, dann ist eine Kombination aus Violett/Lila und Gelb/Gold perfekt. Lila ist eine sehr charismatische Farbe, die Entschlossenheit braucht. Ein großes Bild, das von diesen Farben dominiert wird, verändert die ganze Raumwirkung.

Du siehst, Bilder sind definitiv mehr als nur Wandschmuck! Farben und Kunst sind so essenziell für dein Zuhause! Du setzt ein Statement mit ihnen – DEIN STATEMENT!

Meine Passion ist es, die Welt durch meine Bilder mit intensiven Farben, spannenden und ungewöhnlichen Motiven und den damit ausgelösten positiven Gefühlen und der einzigARTigen Energie zu fluten. Gerne auch deine persönliche Welt!

Melanie Hagemann

Melanie Hagemann

Regeneration + Schmerztherapie
TAMENA HealthPoints

T: +49 1525 3366419
E: info@melaniehagemann.com
HP: https://www.melaniehagemann.com

Ich möchte dir eine wahre Geschichte erzählen, die den Titel tragen könnte:

Man dachte, es wäre eine tolle Idee ...

Stell dir dazu bitte eine Großstadt deiner Wahl vor. Im Original war es Mannheim im Jahre 2011 und im Zentrum dieser Stadt steht ein Mann, mein Mann. Damit du dir ein Bild machen kannst. Kurz gesagt: Extrem gutaussehend ... ich würde fast sagen: Brad Pitt würde ihn um ein Selfie bitten. Dort stand er nun in voller Männlichkeit – jedoch, in seiner rechten Hand hielt er ein **rosa Schminkköfferchen**!

Schmunzelst du etwa gerade? ... Es ist tatsächlich so passiert. Du weißt noch: Man dachte, es wäre eine tolle Idee ...

Die Idee sah folgendermaßen aus: dass mein Mann von Firma zu Firma, von Büro zu Büro geht und den Damen der Belegschaft herausragende Beauty-Produkte, wie zum Beispiel Lippenstifte, direkt an den Arbeitsplatz liefert und sie damit für jede Herausforderung ihres Business Alltages wappnet.

Man dachte, es wäre eine tolle Idee, weil man auch einen Handelsvertreter kannte, der sehr erfolgreich Krawatten an Autohausmitarbeiter verkaufte. Was bei Männern die Krawatte war, konnte bei Frauen nur der Lippenstift sein ... Somit eine HAMMER-GESCHÄFTSIDEE!!!!

Gedanklich schon Multimillionär, musste man recht schnell erkennen, dass die Damen KEINE Autohausmitarbeiter waren. Spätestens als mein niedergeschlagener, doch immer noch extrem gut aussehender Mann von zwei Polizisten auf offener Straße wegen seines rosa Schminkköfferchens ausgelacht wurde, war für ihn endgültig klar: Das war ein riesiger Flopp.

Ich sehe förmlich, dass du im Geiste die ganze Zeit schon das Wort man mit 2 nn geschrieben hast. Doch ich muss zugeben: nicht **Mann** dachte, weder mit einem noch mit 2 n, noch kannte **Mann** einen erfolgreichen Handelsvertreter, sondern **ICH** dachte und **ICH** kannte und vor allem war **ICH** diejenige, die nicht nur ihren Mann mit einem rosa Schminkköfferchen in sein Verderben schickte, sondern auch **ICH** war es, die in diesem Moment die Verantwortung abgab, für **MEINE** Idee, für etwas, das für **MICH** wichtig war.

Die Verantwortung abzugeben, wenn es sich um eine Businessidee handelt, könnte man im Geiste noch in die Schublade mit der Aufschrift „Heiße Herdplatte" stecken! Hab es probiert, hab mich verbrannt, mach ich nie wieder … Doch in meiner täglichen Arbeit geht es weder um Lippenstifte, noch um metaphorische Herdplatten, sondern um die Verantwortung für die eigene Gesundheit.

Tagtäglich sehe ich bei vielen meiner neuen Klienten, wenn wir uns um Körper, Geist und Seele kümmern, dass ihre Gesundheit von ihnen lange Zeit oft unbewusst vernachlässigt wurde. Und sie dabei die Verantwortung abgegeben hatten, genauso wie ich damals bei meinem Mann.

In meiner Praxis gehen wir den Ursachen auf den Grund, während Ärzte, leider aus Zeitmangel, sich oft nur den Symptomen widmen können. Deswegen, gib du bei deinem nächsten Arztbesuch bitte NICHT die Verantwortung für deine Gesundheit, wenn auch unbewusst, bereits an der Garderobe ab. So nach dem Motto: „Mit einem Rezept wird schon alles besser werden."

Gehe daher bewusst voller Selbst-Verantwortung voran, damit du nicht am Ende zwar immer noch extrem gutaussehend, doch niedergeschlagen mit deinem persönlichen rosa Schminkköfferchen voller guter Vorsätze dich selbst sagen hörst: „Hmmmhhh … **ICH DACHTE, ES WÄRE EINE TOLLE IDEE …**"

Was meinst du, warum habe ich dir von diesem Erlebnis berichtet? Nur um etwas zum Lachen zu haben oder zu verdeutlichen, wie fehlgesteuert ich war?

Nein, natürlich nicht. Unser Körper spricht mit uns in ganz vielen unterschiedlichen Facetten. Manches davon registrieren wir und vieles davon ist uns einfach nicht bewusst. Dennoch ist es da. Wenn ich von Körper, Geist und Seele spreche, dann sind das drei große Worte, denen man mittlerweile mehr Aufmerksamkeit schenkt als noch vor etlichen Jahren. Wie gut, denn dadurch wird uns immer klarer wie wichtig diese drei Komponenten für unsere Gesundheit sind. Alles ist miteinander verbunden.

Vielleicht ist es so einfacher zu verstehen: Vom körperlichen Spüren wie zum Beispiel Schmerz, Kälte, Wärme, Jucken, Gänsehaut etc. (**Körper**) und dem Erkennen oder auch Verstehen (**Geist**), wieso, weshalb, warum der Körper gerade so reagiert wie er reagiert, kommt noch das unterbewusste Empfinden (**Seele**) hinzu.

Hier werden all unsere Emotionen abgespeichert. Die positiven, aber auch die blockierenden, negativen Emotionen. Wir Menschen sind Meister darin, diese schmerzhaften Emotionen **SOFORT** in unser Unterbewusstsein zu schieben. „Weg, weg, weg ... je schneller, desto besser". Das ist unsere Devise. Unser innigster Wunsch. Wir wollen nicht länger damit gequält oder daran erinnert werden.

Unser Unterbewusstsein jedoch erinnert sich an ALLES, und irgendwann kommt der Tag, an dem es all das nicht weiter abspeichern kann und sich einen Ausweg sucht. Wir spüren z.B. körperliche Schmerzen und werden krank. Meist hätten wir schon viel früher gegensteuern können. Das vergessen wir leider viel zu oft. Das machen wir unbewusst, weil uns der Alltag, die täglichen Sorgen und der Stress sehr gut im Griff haben. Dabei wissen wir intuitiv viel früher, dass etwas nicht stimmt. Fang an, wieder auf deinen Körper zu hören. Lass mich dir zeigen, wie er zu dir spricht.

Mit meiner Tamena HealthPoints Methode erhält dein Körper wertvolle Impulse für seine Selbstheilungskräfte.

Ich freue mich auf dich und unser Kennenlernen.
Deine Melanie

© Fotograf: Dominik Pfau

Karina Kotte

eat & mind
Expertin für intuitives Essen und Persönlichkeitsentwicklung
Mentorin | Coach | Speakerin

E: kotte@karinakotte.de
HP: https://www.karinakotte.de

Butter ist Freiheit!

Wusstest du, dass Butter Freiheit bedeuten kann?

Davon möchte ich dir gern anhand meiner eigenen Geschichte erzählen. Ich war damals 13 Jahre alt. In dem Alter gingen alle zur Tanzschule, die mit einer festlichen Abendveranstaltung, dem Abtanz, endete. Gibt es so etwas auch bei dir in der Gegend?

Alle Eltern der Tanzschüler waren eingeladen, alle waren festlich angezogen und die Tanzschüler mussten vortanzen und zeigen, was sie gelernt haben. Somit auch ich, in einem festlichen Abendkleid. Du musst wissen, mit 13 war ich noch ziemlich pummelig, also eigentlich dick, und wurde deswegen manchmal in der Schule gemobbt. Vielleicht kannst du dir vorstellen, dass dieser Tanzabend im Kleid daher eine absolute Horrorvorstellung für mich war. Zum damaligen Zeitpunkt habe ich mir immer gewünscht, wie alle anderen zu sein, nicht aufzufallen und einfach nur in der Menge zu verschwinden.

Aufgrund dieser Veranstaltung fasste ich damals den Entschluss, meine erste Diät zu machen, um an diesem besagten Abend nicht aufzufallen. Und es hat funktioniert. Das erste Mal in meinem Leben bekam ich Komplimente für mein Aussehen und für den Erfolg meiner Diät. In dem Moment war für mich klar – ich will nie wieder so aussehen wie vorher – nie wieder dick sein. Damit begann meine Diätkarriere. Sie dauerte zwanzig Jahre. Fünfzehn Jahre davon war ich gefangen in einer Essstörung.

Mit Mitte dreißig war ich völlig am Ende meiner Kräfte. Mein Leben bestand nur noch aus Diäten, Abnehmen, Verboten, Essanfällen, Erbrechen und exzessivem Sport.

Ich habe dann für mich irgendwann den letzten Strohhalm ergriffen und bin in eine Klinik gegangen. Du kannst mir glauben, dass das kein leichter Weg war. Es gab knallharte Essensregeln und vor allem Essensmengen. Und wenn ich Mengen sage, dann meine ich das auch so. Mir wurde dort klar, wie viele zusätzliche unbewusste Verbote für Lebensmittel ich mir auferlegt hatte – und Butter und Fett gehörten definitiv dazu. Ich wusste bis zu diesem Zeitpunkt noch nicht, wie viel Angst mir ein Brötchen mit Butter und Nutella macht, wenn ich es nach dem Essen nicht wieder wegbringen kann.

Aus heutiger Sicht war der Klinikaufenthalt das Beste, was mir passieren konnte. Nicht nur, dass ich meine Essstörung dadurch erfolgreich besiegt habe, ich habe erleichtert festgestellt und auch an meinem eigenen Körper erlebt, dass ich trotz all dem, was ich gegessen habe – auch Butter – nicht zunahm. Zu dem Zeitpunkt habe ich noch nicht verstanden, warum ich nicht zunahm und was genau passiert war. Es war wie ein Wunder für mich. Das erste Mal seit Jahren war ich einfach sorglos. Mein Kopf war frei von diesen ganzen Essensgedanken, Ängsten und Verboten. Frei von diesem ganzen „Wenn ..., dann ..." „Wenn ich abgenommen habe, dann mache ich ..." Es hat sich unglaublich angefühlt.

Später habe ich mich damit näher beschäftigt.

Was waren denn eigentlich die Schlüsselthemen zu meinem Erfolg, zu meiner gedanklichen Freiheit?

Ich habe durch das intuitive Essen gelernt, dass unser Körper mit all seinen Mechanismen, Hormonen und normalen Abläufen schon ganz viel für uns macht, wenn wir ihn lassen. Wenn wir mit ihm zusammenarbeiten, ein Team mit ihm bilden, ihm Vertrauen schenken und gut mit ihm kommunizieren. Er möchte das Beste für uns und er will gesund sein.

Ein weiterer Schlüssel ist, unserer eigenen Intuition wieder zu vertrauen und selbst Verantwortung für uns und unser Handeln zu übernehmen, anstatt uns von außen Dinge vorschreiben zu lassen. Und abschließend gehört auch ein neues Problemlösungsverständnis dazu. Ich habe erkannt, dass das Essen nie mein Problem gewesen ist und somit auch all die Diäten daher niemals die Lösung sein konnten.

Heute sind mein Körper und ich ein unschlagbares Team und wir arbeiten zusammen. In einem echten Team vertraut man sich gegenseitig – auch zum Thema Gewicht und in Bezug auf das Essen. Natürlich ist nicht immer alles perfekt, aber das muss es auch nicht sein, denn ich habe das tiefe Vertrauen, dass nach einem nicht so guten Tag wieder ein wunderbarer kommen wird.

Heute gibt es beim Essen keine Verbote mehr.

Ich genieße jeden Tag diese gedankliche Freiheit und Sorglosigkeit. Diäten, Sorgen über mein Gewicht und auch die Angst vor Brötchen mit Butter und Nutella gehören der Vergangenheit an. Meine neue Lebensenergie, Freiheit und vor allem auch neu gewonnene Zeit nutze ich endlich für die wunderschönen Dinge, die es zu entdecken gibt. Ich habe angefangen, mir endlich meine Träume zu erfüllen, für die vorher weder Platz noch Zeit da war.

Ich möchte so vielen Menschen wie möglich dabei helfen, sich aus ihrem Käfig der Gedanken über Gewicht und Diäten zu befreien, um wieder ein normales, befreites Essverhalten und Zufriedenheit zu erlangen. Ich möchte ihnen ihre gedankliche Freiheit und Sorglosigkeit zurückgeben, indem ich sie begleite, wieder mit ihrem Körper zusammenzuarbeiten und ein Team mit ihm zu werden. Sie werden ganz nebenbei endlich ihr Wohlfühlgewicht erreichen, wenn sie selbst erleben, dass Butter Freiheit sein kann.

Natalie Molker

Trainerin | Speakerin | Profi- Tänzerin

E: info@natalie-molker.com

HP: https://www.natalie-molker.com
HP: https://www.lampenfieber24soforthilfe.com

Natalie Molker

Lampenfieber

Ich bin in einem Dorf in Kirgistan mit sechs Geschwistern in armen Verhältnissen aufgewachsen. Ich war ein schüchternes Kind und sprach bis zum fünften Lebensjahr nur mit der Familie. Mit elf Jahren verlor ich meinen Vater an Lungenkrebs. Zwei Jahre später überlebte ich gerade so einen Verkehrsunfall.

Mein ganzes Leben träumte ich von Freiheit und Glück, denn ich hatte immer das Gefühl, dass es weitaus mehr gibt, als nur das reine Überleben. Als ich sechszehn Jahre alt war, kam ich mit meiner Mama und zwei Geschwistern als „Spätaussiedler" nach Deutschland. Meine Mama war damals 58 Jahre alt und hatte keine Deutschkenntnisse und dennoch hat sie sich dafür entschieden, uns Kindern eine Zukunft zu bieten. Dafür bewundere ich sie jeden Tag!

Wir wurden in einem Wohnheim in einem kleinen Zimmer einquartiert. Ich kam in der Mittelschule in die zehnte Klasse. In meinem Inneren war vieles durcheinander. Ich schämte mich für meine Herkunft, meine arme Familie, meinen Akzent und meine schlechten Deutschkenntnisse.

Ich kann mich noch genau an einen schönen Frühjahrstag erinnern. Dies war für mich ein einschneidender Tag, denn zum ersten Mal stand ich vor der Klasse, um ein Gedicht auf deutsch vorzutragen. Meine Lehrerin hat mich mit ihrem Lächeln motiviert, nach vorne zu kommen. Da stand ich, mit nassgeschwitzten Händen und rot angelaufenem Kopf. Ich hatte im wahrsten Sinne des Wortes richtig Angst! Ich beobachtete die Reihen und sah ein breites Lächeln meiner Klassenkameraden, das während meines Vortrages zu lautem Gelächter wurde. Ich bin weinend aus dem Klassenzimmer gerannt und auf direktem Weg nach Hause. Ich war enttäuscht und wütend. Damals habe ich eine wichtige Entscheidung für mich getroffen. „Genug ist genug", ich werde es nie wieder zulassen, dass andere Menschen mich fertigmachen. Ich habe mir das Ziel gesetzt, selbstbewusster zu werden.

Wie kam ich zu meiner Liebe zum Tanz und zu meinem Selbstbewusstsein? Mit meiner Mama schaute ich früher gerne Bollywoodfilme. Ich verspürte diesen Drang, selbst auf der Bühne zu stehen und professionelle Tänzerin zu werden. Leider war es in meiner damaligen Situation nicht möglich. Zum Glück hatte ich später eine Freundin, die einen Farbfernseher mit Videorekorder besaß. Mit ihr sah ich zum ersten Mal Michael Jacksons „Billie Jean". Seit diesem Tag stand für mich fest: ich will auf der Bühne tanzen.

Was ist Lampenfieber? Lampenfieber hat man vor einer Rede, einer Präsentation, einem Auftritt, einer Prüfung, selbst vor dem Tanzen im Club. Redeangst und Lampenfieber kann jeden betreffen. Auch viele Menschen, die offen und selbstbewusst erscheinen, leiden darunter. Um Lampenfieber sofort zu überwinden, gebe ich dir folgende Tipps an die Hand:

1. Gewinne Sicherheit durch gründliche Vorbereitung

Wenn wir wirklich kompetent in unseren Themen sind, fühlen wir uns sicher. Wenn du deinen Vortrag, deine Choreografie, die Umgebung gut kennst, dann kannst du dich in der jeweiligen Situation darauf verlassen. Trainiere so, als wärst du schon in der realen Situation, mit dem kompletten Körpereinsatz. Tänzer müssen 10.000 Mal eine Bewegung durchführen, damit diese wirklich 100 % sitzt. Bereite dich mental vor und visualisiere deinen Erfolg! Konzentriere dich immer auf deine Stärken und Skills. Stell dir bildlich vor, wie du auf die Bühne gehst. Wie sieht die Bühne aus, welche Farben siehst du, welche Zuschauer, was hörst du, was riechst du?

2. Komme zur Ruhe

Entspannungsübungen wie Yoga, Atemtechniken und Meditationen helfen. Schließe deine Augen, fühle in dich hinein und stelle dir die Fragen: Was brauchst du gerade, um dich gut zu fühlen? Wie atmest du gerade? Atmest du in die Brust oder in den Bauch? Die bewusste und tiefe Atmung hat einen großen Effekt, sowohl auf den Körper als auch auf unseren emotionalen Zustand.

3. Trinke Wasser

Bei Stress wird das Hormon Adrenalin produziert, welches unseren Körper in Alarmbereitschaft versetzt. Hierbei wird vermehrt Magnesium über die Nieren abgebaut und wir geraten in einen Stresskreislauf. Verkrampfte Muskeln können nicht entspannen. Wassertrinken hilft!

4. Mache eine mentale Zeitreise

Machst du dir zu viele Gedanken, was alles schieflaufen kann? Dann stelle dir vor, dass du absolut risikolos bist. Stell dir die Frage, was passiert, wenn wirklich etwas schiefgeht? Dann wirst du dich vielleicht zehn Minuten darüber ärgern, vielleicht zehn Stunden. Welche Auswirkungen hätte es auf zehn Tage, zehn Wochen oder länger? Sei dir bewusst, es kann dir gar nichts Schlimmes passieren.

5. Baue Energie auf

Bewegung ist das Beste, um Adrenalin wirksam abzubauen. Mach dir Musik an und springe, tanze und schwinge. Tänzer haben ein großes Maß an Resilienz gegenüber Stress, Auftrittsangst und Bewertung. Wissenschaftler bestätigen, dass Tanzen die Bildung neuer Nervenzellen stärker fördert als monotone Fitness-Programme. Denn beim Tanzen muss man die Balance halten, Bewegungen der Beine und Arme koordinieren, rückwärts gehen, sich drehen. Tanzen ist besser als jedes Medikament!

6. Stehe in einer selbstsicheren, souveränen Körperhaltung

Stelle dich vor den Spiegel in einer Power-Pose. Stell dir vor, dass du ein Superheld bist und alles möglich ist! Letztendlich geht es darum, das Lampenfieber zu akzeptieren. Es macht uns aufmerksam, gibt uns Energie und Freude. Auf der Bühne vergeht das Lampenfieber schnell, da wir uns in der eigenen Rolle wiederfinden. Glaube an dich! It is time to shine!

Jens Breitbarth

Diplomierter Maschinenbau-Ingenieur
Systemischer Business Coach |
Interimmanager | Speaker | Autor |
Gründer & CEO

E: jensbreitbarth@icloud.com
HP: https://jabene-consulting.com

Jens Breitbarth

Ein Quantum Optimismus

Mit Vollgas durch die Katastrophen unserer Zeit

Dein erstes Mal. Erinnerst du dich? Ich erinnere mich sehr gut. An das erste Mal, als ich eine schier unüberschaubare Anzahl an Krisen wahrnahm. Inflation, Klimakatastrophen, Krieg in Europa waren Themen, die bislang zwar in meinem Wortschatz, jedoch nicht in meinem täglichen Bewusstsein waren. Es war das erste Mal, dass ich eine Ohnmacht gegen die Flut dieser schrecklichen Nachrichten in mir fühlte.

Die Welt verändert sich rasant. Megatrends wie Globalisierung, Klimawandel und Digitalisierung verändern das Berufsleben, die Gesellschaft und auch uns. In immer kürzeren Zyklen erleben wir jedoch extreme Schwankungen, widersprüchliche Sachverhalte und politische Instabilitäten. Über Generationen geltende Regeln, Werte und Traditionen scheinen an Gültigkeit zu verlieren. Die Auswirkungen auf das Berufsleben und den privaten Alltag sind nicht mehr abschätzbar. So befürchten einer Studie zufolge aktuell 43 Prozent aller Deutschen, dass sich ihre finanzielle Lage kurzfristig verschlechtern wird. Fast die Hälfte aller befragten Europäer konnten 2022 ihre Rechnungen nicht pünktlich bezahlen. Die Zahl der Burnout-Erkrankungen steigt seit Jahren.

Mich haben Veränderungen schon immer fasziniert und herausgefordert. „Und jedem Anfang wohnt ein Zauber inne ..." las ich bei Hermann Hesse und war begeistert. Als Kind aus dem Wohnblock lernte ich früh, Standards nicht zu akzeptieren. Jede Veränderung nutzte ich, um nach Gutem darin zu suchen und meine Situation zu verbessern. Mein Fixstern war klar: durch Leistung und Bildung zum sozialen und wirtschaftlichen Aufstieg. Mein Abitur und Studium habe ich durch Nebenerwerb finanziert. Das erste Haus für meine Familie mangels Eigenkapital gleich selbst gebaut. Und so wurde ich vom Problemschüler zum Akademiker, und von der Supermarkt-Aushilfe zum Konzern-Manager. Self-made.

Mal hatte ich Erfolg auf meinem Weg, mal habe ich gelernt. Ich bin gefallen, das tat weh. Dann wieder aufgestanden, weitergemacht. Mal habe ich Tiefschläge durch körperliche Krankheiten erlebt, mal bin ich vor lauter Arbeitsbelastung in eine Depression gefallen. Und durch manches Tal des Leidens gegangen. Heute weiß ich, dass ich mir einiges davon hätte ersparen können. Ich habe den Erfolg im Außen gesucht. Und lernen müssen, dass Glück doch nur im Inneren zu finden ist.

Es gibt keine erfolgreichen Menschen, die nicht aus dem Scheitern kommen. Sie alle hat das Leben erzogen. Das Risiko zu vermeiden, ist nie das Ziel. In der Krise mit einem starken inneren Kompass nach Chancen zu suchen und mutig nach vorne zu gehen, das ist der Weg.

Positiv betrachtet entstehen nachweislich deutlich mehr Chancen, Freiräume und Perspektiven durch Krisen (altgr. κρίσης: Höhe- oder Wendepunkt), weil uns diese zum Handeln zwingen. Die Chancen daraus zu nutzen, gelingt uns aber nur, wenn uns klar ist, warum wir unseren Weg gehen müssen. „Erkenne dich selbst" lautet die vielzitierte Inschrift am Apollon-Tempel von Delphi und meint, sich seiner körperlichen und geistigen Möglichkeiten bewusst zu sein. Der römische Philosoph Seneca (ca. 1-65 n. Chr., Lehrer v. Kaiser Nero) hielt dies für die größte Herausforderung menschlichen Daseins.

Wir wissen nicht, wer wir sind. Und wenn wir es wissen, glauben wir nicht daran! Erreichen wir hohe Ziele, sind wir oft unzufrieden, weil uns der Einsatz erschöpft. Geben wir uns unseren Vergnügungen hin, fühlen wir uns schuldig, unseren Pflichten nicht nachgekommen zu sein. Also feiern wir Erfolge, ohne darin Erfüllung zu finden. Aber Erfolg ohne Erfüllung ist kein Erfolg. Vereinfacht lässt sich das medizinisch so begründen: Der Präfrontale Cortex ist ein Teil des Frontallappens der Großhirnrinde und verantwortlich für Logik und Planung. Das limbische System ist die Funktionseinheit des

Gehirns, in der die Entstehung von Emotionen wie Glück und Erfüllung stattfindet. Wirklicher Erfolg entsteht, wenn Intellekt und Emotionen sich im Einklang befinden. Wenn wir also nicht nur der reinen Logik, sondern unserem Bauchgefühl, unserer Intuition folgen.

Intuition (lat. intueri: genau hinsehen, anschauen) ist ein Teil von kreativen Entwicklungen. Unser Intellekt führt nur noch aus oder prüft bewusst die Ergebnisse, die aus dem Unbewussten kommen. Eigenschaften wie diese werden im gesellschaftlichen Miteinander immer wichtiger und auch am Arbeitsmarkt künftig stark nachgefragt werden, da diese nicht über Künstliche Intelligenzen abgebildet werden können.

„Wer sein Warum kennt, der erträgt fast jedes Wie." (Victor E. Frankl)

Zu den Gewinnern in Krisen werden die Menschen zählen, die es schaffen, ihrem Bauchgefühl bei Entscheidungen den nötigen Raum zu geben. „Lerne, dich selbst zu führen", appelliere ich provokant an meine Klienten in den Coachingsitzungen. Zu mir kommen all jene, die in dieser scheinbar außer Kontrolle geratenen Welt ihren Fixstern suchen. Die Klarheit und Richtung wollen. Beruflich und privat. Und Frieden in ihrer inneren Welt.

Dazu gehört es, Realitäten zu akzeptieren. Den fürchterlichen Krieg hier in Europa und das Erdbeben in der Türkei. Das zu ignorieren, hieße Tod und Leid vieler Menschen zu ignorieren. Wir helfen, wo wir können, als starke Gemeinschaft, aber wir dürfen uns nicht vor dem Leben verstecken. Damit helfen wir keinem.

Danke, dass du mir bis hierher gefolgt bist. Hab' ich dich mit meinem Text berührt?

Dann geh jetzt raus. Feiere dein Leben. Das Leben, das dir ganz allein bestimmt ist. Das Leben, das du dir wünschst. Das Leben, das du verdienst.

Leg los ... gib Vollgas ...
jetzt ...

© Fotografin: Patricia_Haas

Florian Caspers

Stratege und Trainer für Unternehmen
auf dem Weg zur Marke

E: kontakt@floriancaspers.de
HP: https://www.floriancaspers.de

FLORIAN CASPERS
KLARHEIT STIFTEND.

Ein Logo ist noch keine Positionierung!

Als ich 19 Jahre jung war, habe ich ein Buch von Seneca gelesen. Seneca war ein Politiker, aber auch ein Philosoph und Denker. Was ich damals in dem Buch gelesen habe, war genau das, was ich fühlte, waren die Fragen, die ich mir stellte, waren die Zweifel, die ich hatte und die Erklärungen, die ich brauchte. Jetzt sagst du: „Weisheiten, ist ja nix Neues" – stimmt! Und genau das ist der Punkt! Wenn ein Mensch vor 2000 Jahren diese Dinge schon so beschrieben hat, dann ist seitdem auch nichts Neues dazugekommen!

Das heißt: Der Mensch ist das, was er ist. Dir wachsen keine Flügel, Hörner oder Antennen mehr heraus. Das von vielen angestrebte höher – schneller – weiter ist ein Fake, das gibt es gar nicht – auf uns bezogen. Du machst Dinge in der Zusammenarbeit zwar möglich, aber du bist wer du bist und das ist auch gut so. Vielmehr müsste es heißen: tiefer – langsamer – näher. Nimm den Druck raus! Werde dir bewusst darüber, dass es eine Wechselwirkung zwischen innen und außen gibt. Je tiefer du gehst, desto klarer wirst du nach außen.

In der Werbung heißt es immer: Sei anders als andere. Grundsätzlich ist das auch richtig, aber es zieht heute nicht mehr. In den 80er Jahren hieß es in der Werbung oft: „Wir sind die Besten", „Wir waschen weißer", „Wir haben das sicherste Auto" usw. Selbstverständlich entsprach das nicht der Realität, aber wir haben es geglaubt, weil es keine Alternativen gab oder weil wir vielleicht auch ein wenig naiv waren. Was ich entgegen dieses Vorgehens meinen Kund:innen heute sage, ist Folgendes: „Versuche so zu sein, wie du bist!" Wenn du das in der Tiefe und Ausführlichkeit geschafft hast, die eine gute Positionierung braucht, dann bist du schon anders genug, dann wirst du dich automatisch vom Wettbewerb unterscheiden. Und dabei darfst du keine Angst davor haben, deine Ecken und Kanten zu zeigen, denn genau die sind es, die dich ausmachen, genau die sind es, die die richtigen Menschen und potenzielle Kunden anziehen und die sie an dir schätzen werden. Denn wer weckt mehr Sympathie, jemand Aufgesetztes oder jemand, den du schon von Weitem erkennst und einordnen kannst?

Mit Marken ist es nicht anders. Heutzutage verkaufen Emotionen. Warum ist das zunehmend so? Weil wir im Überfluss leben und es uns nicht mehr um die reine Funktionalität oder Erfüllung des Nutzens geht, sondern darum, uns mit der Marke zu identifizieren, wir wollen an sie glauben.

Ein Beispiel: Der Bäcker um die Ecke ist eher kargen Wortes und verkauft mir täglich seine Brötchen. Ich weiß nach vier Jahren aber noch nicht viel über ihn. Jetzt macht ein neuer Bäcker im Dorf auf, nicht weit entfernt. Ich gehe dorthin, um mal zu testen. Die Brötchen schmecken nicht sooo wahnsinnig anders. Ohne zu fragen, erzählt mir der Bäcker aber voller positiver Energie, dass er schon als kleines Kind den Duft von frisch gebackenem Brot aus Omas Ofen geliebt hat, dass er am Küchentisch den Teig geknetet hat, obwohl er kaum über den Rand schauen konnte. Es war ihm schon damals klar, dass er genau das auch machen möchte und jetzt hat es endlich geklappt. Er ist überglücklich, nun mit Omas Rezepten die Produkte anbieten zu dürfen. Wo denkst du, werde ich in Zukunft einkaufen?

Eine gute Positionierung bedeutet Authentizität, Haltung und Konsequenz.

Das sind die Geheimzutaten, die du brauchst:

Authentizität –

um mit deinem Charakter und deiner Persönlichkeit zu überzeugen. Dabei geht es eben genau nicht darum, aalglatt oder gar perfekt zu wirken, sondern das Gegenteil. Ecken und Kanten machen uns und unsere Marke lebendig und glaubwürdig. Selbst wenn ich Luxusartikel anbiete und verkaufen möchte, ist mein Charakter und meine Art, diese zu verkaufen das, was mich von anderen unterscheiden wird. Nicht das Produkt.

Haltung –

um auf moralischer Ebene mit den Werten, zu denen zu stehst, und einer guten Portion Ehrlichkeit, nach der du dich richtest, in Erinnerung zu bleiben. Professionalität ist kein Wert, der dich beschreibt, deine Kund:innen setzen voraus, dass du das bist, vielmehr ist die Frage, ob du mit ihnen auf Augenhöhe interagierst, ob du transparent bist, ob du dich selbst als Revoluzzer/in oder eher als unterstützende/r Partner/in siehst. Kurz: Wie stehst du zu dir und deiner Umgebung?

Konsequenz

Je klarer die beiden vorherigen Grundsätze vertreten werden und je konsequenter du dabei bleibst, desto einfacher werden es deine Kund:innen haben, dir zu folgen und dir treu zu bleiben. Ich erzähle gerne von dem Beispiel des Coca-Cola-Automaten. Wenn du in deiner Positionierung etwas über bewusste Ernährung stehen hast, solltest du dir eben nicht so einen Automaten in die Firmenräume stellen. Die Diskrepanz, die dort entsteht, verwässert dein Profil, und glaub mir, deine Kund:innen werden das merken und sich im schlimmsten Fall von dir abwenden.

Das alles zu reflektieren und klar zu haben, ist der erste und entscheidende Schritt. Ich nenne das gerne das strategische Fundament, auf das gebaut werden kann. Wie das Haus darauf aussieht, welche Farben, Formen oder Details es hat, ist der nächste Schritt. Wenn dieser gut gemacht wird und die Strategie ebenfalls als Grundlage für die kreative Entwicklung nach außen verstanden wird, dann steht der Zukunft der Marke, zumindest auf kommunikativer Ebene, nichts mehr im Wege.

Zu wissen, wer man ist, das ist maximal differenzierend. Zu wissen, wer du bist oder wer deine Marke ist, das ist die entscheidende Aufgabe.

© Fotograf: Dominik Pfau

Tanja Hellmuth

PURPOSE PROFILERIN® & Mentorin
für Neuausrichtung für Menschen &
Unternehmen | Unternehmerin & Speakerin

E: info@tanjahellmuth-mentoring.com
HP: https://www.tanjahellmuth-mentoring.com

Own Your Future

„Was, wenn wir unseren Limitierungen die Stirn bieten und unsere Zukunft proaktiv gestalten?"

Die Zukunft ist eines meiner Lieblingsthemen, denn Zukunft geht uns alle an! Im persönlichen Leben und im Business.

Ich bin Tanja Hellmuth, PURPOSE PROFILERIN® und Expertin für Neuausrichtung von Menschen und Unternehmen.

Wer von euch beschäftigt sich von Zeit und Zeit auch mal mit seiner ganz persönlichen Zukunft? Also mit all den Fragen wie: Wo geht meine Reise in Zukunft hin? Was sind meine nächsten Schritte? Kurz: What's next?

Gerade jetzt in dieser Zeit, wo die ganzen neuen Herausforderungen uns um die Ohren zischen, das Tempo durch die digitale Transformation immer schneller wird und die künstliche Intelligenz schneller an uns vorbei rauscht als wir geradeaus schauen können. Was hilft da mehr als eine kraftvolle Balance? Die BALANCE im Spannungsfeld aus STANDFESTIGKEIT einerseits und FLEXIBILITÄT & WENDIGKEIT andererseits.

An dieser Stelle fällt mir immer der Bambus ein. Ein tolles, fast unverwüstliches Gewächs. Auf der einen Seite stark verwurzelt, mit starkem Halt und gleichzeitig geschmeidig und biegsam, ohne dabei zu brechen. Denn genau diese Eigenschaften sind es, die wir in der heutigen Zeit am meisten benötigen. Wir brauchen Innovationskraft und die Bereitschaft, Dinge neu anzugehen und alte Zöpfe abzuschneiden. Dies mit Klarheit und Erfolgsdynamik zu bewältigen, schaffen wir aber eben nur, wenn wir stark verwurzelt sind und über einen kraftvollen inneren Kompass verfügen. An dieser Stelle möchte ich dich auf eine ganz persönliche Reise mitnehmen. Also wie ich zu meinem inneren Kompass gefunden habe. Ich mache dazu einen kurzen Flashback in meine Kindheit.

Ich war damals gesundheitlich massiv gebeutelt. Die Welt war einfach zu kunterbunt für mich. Das hat meinem Körper regelmäßig die Sicherung rausgehauen, im Klartext: Ständige Ohnmachtsattacken gehörten zu meinem Alltag.

Aber ich hatte einen fantastischen Arzt und ich erinnere mich noch genau daran, wie er eines Tages in seinem typischen ITALO ENGLISH zu mir sagte: WELL, TAANJA LET ME TELL YOU SOMETHING ... Stell dir doch einfach mal vor Tanja, dein Leben gleicht einem Klavier. Bei deinem sind eben die schwarzen und weißen Tasten einfach etwas anders gestimmt als bei einem herkömmlichen Klavier. Aber SO WHAT! Denn du kannst nämlich lernen, auf diesem Instrument zu spielen. Und deine ganz persönliche Lebensmelodie finden. WOW! Das war ein Paukenschlag!

Also begann ich einen Reset, einen Neustart zu machen, und mich mit den Kernfragen zu beschäftigen: WER BIN ICH? WAS WILL ICH? WAS KANN ICH? Und wie kann ICH das, was ich erreichen möchte, MIT meiner individuellen KONSTITUTION, mit meinen MÖGLICHKEITEN erreichen?

Mein größtes Learning in meinem Leben war: KLAR.HEIT über die eigenen Stärken, aber auch die Schwächen zu haben, ist elementar, um erfolgreich seinen persönlichen Weg zu finden. Und genau das kannst du auch! Probiere es doch einfach mal aus! Du ! und du ! und du !

Wenn du dir darüber Gedanken machst und du dich jetzt fragst, wie finde ich diesen Kompass am besten? Dann schlage ich immer gerne Folgendes vor:

- Beginne im ersten Schritt bei dir selbst.
- Arbeite am besten von INNEN nach AUSSEN.
- Du beginnst bei dir hier drin in deinem Herzen, bei dir persönlich, bei dir als Mensch.
- Frage dich, wer du bist und wer du sein möchtest.

Beantworte dir die Frage nach deinen Werten, deinem Purpose und mache dir deine Stärken bewusst. Dann überführst du diese Fragen und deine Antworten in deine jeweiligen Rollen im Leben, z.B. als Vater, Mutter oder Unternehmer:in. Du fragst dich zum Beispiel: Was ist mein Bild von einem/einer guten Unternehmer:in? Wenn du da klar bist, dann inspirierst du damit deine private Community, deine Familie, deine Freunde oder im Business dein Unternehmen. Wie du das machen kannst? Mach dir die Kraft der 3 Ps zunutze. PROFIL. POSITION. PERFORMANCE.

Das erste P steht nämlich für dein **PROFIL**. Also wer du bist. Wer du sein möchtest. Deine Stärken, deine Schwächen, deine Haltung, dein Purpose! Grabe einmal deine ganz persönliche Schatzkiste aus.

Dann gehst du über zu P Nummer 2 das steht für **POSITION**. Frag dich, wo du aktuell stehst und wo du hin möchtest. Dann kreierst du eine kraftvolle Vision, ein starkes, motivierendes Zukunftsbild, das dich wie ein Gummiband voran zieht, gerade dann, wenn du mal wieder resignieren und stehenbleiben willst.

Das dritte P ist deine **PERFORMANCE**. Denn das alles, was ich gerade angesprochen habe, nützt nichts, wenn du es nicht erfolgreich umsetzt. Und deswegen lade ich dich ein, kreiere ein kraftvolles, markantes Profil mit Ecken mit Kanten, präge dein Leben und dein Unternehmen. Motiviere dich selbst und inspiriere damit dein Umfeld. Das kreiert Erfolgsdynamik. Wenn wir unsere persönliche Formel kennen, wenn wir wissen, WER WIR SIND, WAS WIR KÖNNEN, wenn wir dann also auch üben und lernen, unser individuelles Lebensinstrument zu spielen – eben auf unsere jeweils ganz individuelle Art – dann können wir es, und zwar JEDE/R VON UNS, SCHAFFEN, das aus sich herauszuholen, was als SCHATZ in uns liegt und unsere Visionen realisieren. Der Dalai Lama fasste es einmal so treffend zusammen: „Deine Zukunft ist die, wozu du sie machen willst!" In diesem Sinne, übernimm Verantwortung für deine Zukunft und gestalte sie proaktiv.

Also: OWN YOUR FUTURE

Christian Sunderdiek

Filmemacher. Speaker. Dreifachpapa.

E: assistenz@christiansunderdiek.com
HP: https://www.familienvideosmachen.de

Drei Stunden mehr Freizeit, jeden Tag. Interessiert?

In diesem Kapitel teile ich einen Life-Hack mit dir. Denn ich habe durch Zufall herausgefunden, wie ich jeden Tag drei Stunden mehr Freizeit habe.

Hast du immer das Gefühl, für alles zu wenig Zeit zu haben? Ich behaupte, wir haben alle genug Zeit, jeden Tag. Auch du! Und wie habe ich das nun herausgefunden? Dazu möchte ich dir eine kleine Geschichte erzählen. Diese Geschichte hat mein ganzes Leben verändert.

Es war 2004. Wir hatten gerade unsere erste Tochter bekommen. Als stolzer Papa hatte ich natürlich hunderte Fotos gemacht. Aber beim Foto-Anschauen, da fehlte immer irgendwie etwas. Es fehlten die Geräusche meiner Tochter. Und ihre Bewegungen.

Die Lösung? Ein eigener Film über unser neues Familienleben – das wär's! Also musste eine Videokamera her. Ja, es war 2004, da gab es noch keine Smartphones. Schnell hatte ich hunderte Videoclips angesammelt. Aber: Einen Film konnten wir uns so auch noch nicht anschauen. OK, ich musste natürlich erst aus den Videoclips die besten Stellen auswählen, und diese wieder zusammenschneiden. Erst dann würde ich einen richtigen Film haben. Also dachte ich mir: Ich mache mal einen fernsehfreien Abend pro Woche. Statt Filme zu glotzen, mache ich selber Filme!

2004, es ist Abend, die Kleine schläft. Ich sitze am Küchentisch und möchte meinen ersten Film schneiden. Stattdessen kämpfe ich mit der Videoschnitt-Software. Nichts funktioniert. Abstürze. Datenverlust. Mein Computer wird heiß. Mir wird heiß! Vielleicht fragst du dich, warum ich mir keine YouTube-Tutorials angeschaut habe? Nun ja, weil es keine gab. Denn es gab noch nicht mal YouTube.

Ergebnis: Statt an einem fernsehfreien Abend saß ich nun sieben Abende pro Woche am Computer. Ganz ehrlich: Die ersten Monate mit Baby hatte ich mir anders vorgestellt. Weniger technisch!

Drei lange Monate hat es gedauert, bis ich meinen ersten Film fertig hatte. Aber ich habe damals auch drei Dinge gelernt:

Erstens: Ich kann als ganz normaler Familienvater echte Filme machen. **Zweitens**: Ich überlebe viele Wochen ohne Fernsehen. Und dieses Phänomen kennt jeder, und zwar vom Urlaub. Da kommen wir wochenlang ohne Fernsehen aus, weil wir bessere Dinge zu tun haben. Und nach dem Urlaub haben wir weder etwas verpasst, noch etwas vermisst. **Drittens**: Eigene Filme zu haben, ist viel cooler, als fremde Filme zu glotzen. Denn statt mich mit gespielten Geschichten fremder Schauspieler zu beschäftigen, habe ich mich mit den echten Geschichten meiner eigenen Familie beschäftigt.

In den letzten 18 Jahren habe ich über 500 eigene Familienvideos gefilmt – und natürlich geschnitten! Urlaubsfilme, Geburtstagsfilme, und vor allem: Filme aus unserem ganz normalen Familienalltag. Unser Fernseher durfte irgendwann gehen, und ich habe ihn bis heute nicht einen Tag vermisst.

Wie hoch ist die durchschnittliche tägliche Fernsehdauer in Deutschland? Sie lag im Jahr 2022 bei dreieinviertel Stunden. Social Media nicht mitgerechnet, das kommt noch dazu. Das sind im Monat 100 Stunden Fernsehen. Und jeder, der sagt, er hat nie genug Zeit, der darf sich ohne Fernseher über täglich drei Stunden mehr Freizeit freuen – einfach so, von heute auf morgen!

Einer der beliebtesten Neujahrs-Vorsätze lautet: „Ich will weniger Fernsehen gucken." Kann es sein, dass viele Menschen da nach dem Motto leben „Ich bin eigentlich ganz anders, aber ich komme so selten dazu"?

Was vermissen Menschen, deren ganzes Haus abgebrannt ist, am meisten? Es ist nicht ihr Fernseher, obwohl sie mit ihm zuhause vermutlich ihre meiste Freizeit verbracht haben. Es sind ihre persönlichen Fotoalben. Es sind die alten Urlaubsfilme ihrer Eltern auf VHS-Kassetten, und die Super8-Filme von Opa.

Du musst deinen Fernseher ja nicht gleich rauswerfen. Aber gegen ein paar mehr fernsehfreie Abende spricht eigentlich nichts, oder? An das, was du heute auf Netflix anschaust, wirst du dich in einer Woche nicht mehr erinnern. Was du heute auf Social Media siehst, ist schon morgen verschwunden. Aber mach mal einen Urlaubsfilm – den schaust du dir jedes Jahr wieder an. Vermutlich auch noch in zehn Jahren, oder in zwanzig Jahren. Deine Kinder werden ihn sich ihr ganzes Leben lang immer wieder anschauen. Denn mit eigenen Familienfilmen schenkst du deinen Kindern ein Rückfahrticket in ihre Kindheit, die jetzt gerade passiert.

Familienfilme machst du auch für dich: Sie können deine emotionale Altersvorsorge werden. Wenn deine Kinder mal aus dem Haus sind, dann wirst du an langen Winterabenden noch einmal sehen können, welche schöne Zeit ihr hattet. Du wirst alles noch einmal erleben können. Und noch mehr: Das Medium Film wird dir auch deine Gefühle zurückbringen. Du wirst diese Gefühle noch mal fühlen können, wie es damals war, als ihr als Familie zusammengelebt habt.

Das meiste, was wir heute als Familie besitzen, wird keinen dauerhaften Bestand haben. Aber ich verspreche dir: Eure eigenen Familienfilme werden immer der Schatz eurer Familie sein.

Übrigens darfst du dir heute die Zeit sparen fürs Ausprobieren oder fürs Suchen nach einer Anleitung fürs Familienvideos-Machen. Denn ich habe aus meinen Learnings speziell für Eltern einen kostenfreien Onlinekurs erstellt. Damit alle Eltern die Möglichkeit haben, ihre einmaligen Familiengeschichten zu bewahren. Ich verspreche dir: Wenn du schon mal ein Fotoalbum gemacht hast, dann kannst du auch einen Film schneiden.

Filmt eure Lieben, und liebt eure Filme!

Susie Gee

Podcasterin | Speakerin |
Projektmanagerin für Immobiliensanierung

E: susiegee@magenta.de
HP: https://www.susiegee.de

Finanzielle Unabhängigkeit für Frauen – History and Basics

Junge Frauen sind heute oft richtig gut ausgebildet. Es hat jahrelang gedauert und hat viel Mühe und Engagement gekostet. Du machst einen guten Job, verdienst dein eigenes Geld, bekommst Anerkennung, hast Selbstvertrauen in dich und deine Fähigkeiten. Du hast einen liebevollen Partner, ihr heiratet und baut zusammen euer Leben auf und dann wirst du schwanger. Das hat zum vollkommenen Glück gefehlt. Der Tag der Geburt macht die kleine Familie vollständig. Das Strahlen deiner Augen, dieser einmalige Blick, Tränen der Freude ...

In dem Moment, wenn du das Geburtshaus verlässt, genau in diesem Moment dreht sich die Welt um 180 Grad und du findest dich in den fünfziger, sechziger Jahren des letzten Jahrhunderts wieder. Zunächst bemerkst du es nicht; später willst du es nicht wahrhaben und doch ist es offensichtlich. Ständig müde, deine Gedanken kreisen nur noch um Kind und Haushalt. Wie bekommst du das alles unter einen Hut? Jeder Tag stellt dich vor neue, unbekannte Herausforderungen, auf die du kaum vorbereitet sein kannst.

Es ist völlig anders als gedacht

Und doch ist es schön so. Du siehst dein Kind wachsen, gedeihen, konzentrierst dich ganz auf Familie. Dabei gibst du mehr und mehr die Dinge, die dir früher wichtig waren, ab. Du triffst dich fast nur noch mit anderen Müttern und die Freunde von früher sind in ähnlicher Situation oder ihr habt nicht mehr dieselben Themen. Vielleicht hast du ein zweites, ein drittes Kind und es ist immer eine Bereicherung; birgt in jedem Fall eine neue Herausforderung deines Organisationstalentes.

Geld und Finanzen rücken mehr und mehr in den Hintergrund deines Lebens und du ziehst dich da raus. Es gibt Wichtigeres zu tun. Dein Mann kümmert sich ums Geld. Klassische Rollenverteilung eben. Alles ist gut.

Das Märchen aus den sechziger Jahren

Lass uns mal zurückgehen in diese sechziger Jahre des letzten Jahrhunderts. Ich war ein kleines, schüchternes Mädchen und hatte einen noch kleineren Bruder. Unsere Mutter war Hausfrau und unser Vater war ein sehr intelligenter, motivierter Handwerksmeister, der gerade seinen festen Job aufgab und sich mit vielen großartigen Plänen und Ideen im Kopf selbständig machte. Es gelang ihm wunderbar, mit allen Höhen und Tiefen und er mutierte mit den Jahren seines größer werdenden Erfolges zu einem mittelständischen Patriarchen, der nicht nur zu Hause die Regeln bestimmte. Inzwischen war ich ein aufmüpfiger, frecher, siebzehnjähriger Teenager mitten in der Berufsausbildung und hielt es zu Hause mit all den Zwängen und Streitereien meiner Eltern nicht mehr aus. Ich zog aus, galt fortan als undankbares Geschöpf, das nichts ist, nichts hat, nichts kann und nichts wird. Kurz nach dem Ende meiner Ausbildung wurde ich schwanger und heiratete. Wir bekamen unser Kind und ich blieb zu Hause. Plötzlich lebten wir zu dritt von einem nicht gerade üppigen Einkommen. Soweit das Märchen.

Die Herausforderung

Wir waren beide gerade zwanzig Jahre alt, stritten uns ständig und waren mit knapp 23 Jahren geschieden. Er machte Karriere und ich hatte keinen Job, dafür bald ein zweites Kind und war, wie die meisten alleinerziehenden Mütter, ziemlich knapp bei Kasse, obwohl ich tageweise in einem Supermarkt arbeitete. Da saß ich mit meinen beiden herzallerliebsten Jungs und wir versuchten, uns so gut es ging über Wasser zu halten. Ich hatte keine Ahnung von finanziellen Dingen, aber mir war klar, dass es nicht viel hilft, den Kopf in den Sand zu stecken und zu warten, ob der Prinz in Strumpfhosen auf einem Pferd geritten kommt, um uns zu erlösen. Zumindest hatten wir eine Wohnung, die uns mein Vater überlassen hatte, damit wir nicht auf der Straße standen. In den Augen meiner Eltern war ich nicht 27, sondern noch immer 17, unfähig und undankbar und vor allem nicht vorzeigbar. Ich war allein und versank kurzfristig in Depressionen und in meinen Zukunftsängsten. Heute noch bin ich sehr dankbar, dass mich die beiden Kinder heftig forderten, und mir wurde auf harte Weise klar:

So konnte es nicht weiter gehen

Wir zogen um in die weiter entfernte Großstadt und ich konnte meine eigene Tür hinter mir schließen, ohne mir ständige Vorwürfe und abwertende Beleidigungen meiner Eltern anzuhören. Ich war sicher nicht die Tochter, die sich meine Eltern wünschten, aber mir ist auf dem Weg zu mir selbst klargeworden, dass es keine Rolle spielt. Es wäre niemals recht gewesen, egal wie ich mich verbogen hätte.

Über ein Zeitungsinserat fand ich Arbeit als Quereinsteigerin in einer technischen Hotline für Internetzugänge und E-Mail-Accounts und arbeitete zum ersten Mal in meinem Leben als Schichtarbeiterin für wenig Geld, sodass mir nichts anderes blieb, als mir eine zweite Arbeit für die schichtfreie Zeit zu suchen.

Diese Zeit war hart für mich, weil ich morgens zwei Kinder in Schule und Kita bringen und nachmittags pünktlich wieder abholen musste. Die Zeit saß mir immer im Nacken und ich fühlte mich wie ein Jongleur zwischen Kinderkrankheiten und Ferien. Ständig war etwas kaputt. Entweder das Auto oder die Waschmaschine. In dieser Zeit wurden wir richtige Nomaden, zogen immer wieder um, aber es schweißte uns drei fest zusammen. Umziehen kostet immer Geld. Geld, welches wir nicht hatten. In der Folge wuchs unser Schuldenberg unaufhörlich an. Die Berater in ihren feinen Anzügen bei Banken winkten ab und sahen mich mitleidig an. Ohne Sicherheiten kein Geld, oder zumindest nur mit Risikoaufschlag. Ich mag gar nicht zurückdenken, welche immensen Summen an Zinsen mir aufgebürdet wurden. Dabei hatte ich nicht die Wahl. Wie ein geprügelter Hund durfte ich mich für das freundliche Entgegenkommen auch noch bedanken. Ich fand diese Situation unmenschlich, abwertend und vor allem unfair.

Als mein Arbeitgeber immer mehr expandierte, wurde die gesamte Hotline nach Norddeutschland verlegt. Wir hätten mitgehen dürfen, aber nach einer intensiven, demokratischen Diskussion mit meinen Söhnen lehnte ich ab. Mir dessen völlig unbewusst, war diese Arbeit mein Einstieg in die IT und ich bewarb mich paradoxerweise bei einer Bankenhotline. Dort nahm man mich mit Handkuss wegen der Hotline Erfahrung. Immerhin brauchte ich nicht mehr um Darlehen zu bitten. Ich war jetzt im entferntesten Sinne selbst Mitarbeiterin einer Bankentochter mit kostenlosem Konto und anderen Vorzügen. In dieser Zeit machte ich meine ersten eigenen Erfahrungen mit Wertpapieren, sprich Aktien, und lernte viel darüber.

Ein Jahr darauf erzählte mir ein früherer Kollege, dass sein neuer Arbeitgeber, ein etablierter, französischstämmiger Autozulieferer, intern eine Hotline für seine Mitarbeiter und deren Computerprobleme aufbaute. Ich habe nie vergessen, dass mir damit eine ganz andere Türe geöffnet wurde.

Neuland

Zum ersten Mal in meinem Leben wurde ich freundlich und erwartungsvoll in ein Team von Fachleuten aufgenommen und ich bekam ein einigermaßen adäquates Gehalt und wir lernten zusammen die französische Sprache. Mein Sohn in der Schule und ich wegen der Anforderung im Betrieb. Ich erinnere mich sehr gut an meine erste Französisch-Lernstunde nach der Arbeit. Es war der Tag von „Nine-Eleven" – der 11. September 2001.

Kurze Zeit später kam ich im Rahmen von Outsourcing mit der ganzen Abteilung zu einem amerikanischen IT-Riesen. Jetzt sprachen wir Englisch in einem weltweit agierenden US-Konzern. Als unverbesserlicher Optimist freute ich mich auf die Chance, meinen Platz in einem großen Unternehmen zu finden und ich bekam sie.

Ich habe in diesen Jahren auch gelernt, mich nur auf mich selbst zu verlassen und meine Finanzen immer im Blick zu haben und wie schwer es ist, einen Berg von Schulden kontinuierlich abzutragen. Aber es ist zu schaffen. Und gleichzeitig habe ich mir ganz nebenbei ein kleines Immobilienportfolio aufgebaut.

Das Happy End

Im Nachhinein betrachtet begann für mich im Jahr 2004 in dieser noch immer männerdominierten Arbeitswelt mein persönlicher und finanzieller Aufstieg für die nächsten 17 Jahre. Meine Söhne waren inzwischen mitten in der Pubertät und für mich kamen damit zusätzlich neue, unbekannte Herausforderungen. Dies ebenfalls mit meinen an Jahren gereiften Eltern, die mir nach wie vor nichts zutrauten und mir immer wieder Stolpersteine in den Weg legten und glaubten, dass ich ein kleines, dummes Mädchen wäre.

Aber das ist eine andere Geschichte.

Carina Konrath

Bildnerisch schaffende Künstlerin,
Thema „Manifestation"

E: kontakt@carinakonrath.com
HP: https://carinakonrath.com/connect

Carina Konrath

Komm mit zur Vernissage deines Lebens!

Begib dich mit mir auf deine ganz persönliche, bunte und lebendige Reise in dein (K)un(s)terbewusstsein und erlebe deine eigene Vernissage. Dein Unterbewusstsein ist voll von beeindruckenden Bildern, die du im Laufe deines Lebens gespeichert hast. Sie sind verbunden mit Erinnerungen, die in Millisekunden deinen gesamten Körper mit Hormonen überfluten. Du denkst, fühlst, träumst und erinnerst in Bildern.

Ich begleite dich durch drei Ausstellungsbereiche deines einzigartigen Lebens. Im Bereich deiner Vergangenheit sind einige Bilder stark ausgearbeitet, bunt und hell. An diese kannst du dich ganz genau erinnern. Andere sind etwas verschwommen und nur noch schemenhaft erkennbar. Und dennoch fühlst du die Emotionen zu jedem einzelnen dieser Momente.

Hier hängen Erlebnisse mit geliebten Menschen, Erfolge, die du erreicht hast oder auch Glücksgefühle aus deiner Jugend, wie vielleicht dein erster Kuss oder deine erste große Liebe. Und auch Bilder, die dich zu Tränen rühren oder schmerzen sind hier ausgestellt. Ganz besonders wichtige Erinnerungen haben einen prachtvollen Rahmen oder sogar eine eigene Beleuchtung, die das Bild strahlen lässt.

Wenn du durch diesen Bereich schreitest, wirst du sicherlich auch das ein oder andere Bild finden, das mit einem großen schwarzen Tuch zugehängt ist oder schwarz übermalt wurde. Das ist vollkommen normal, auch in meiner Galerie hängen solche Bilder. Diese Bilder stehen für Erinnerungen, die wir verdrängt oder vergessen haben. Es liegt an dir, ob du das Tuch abhängen und dich noch einmal mit diesem Bild auseinandersetzen möchtest oder ob du die Vergangenheit ruhen lässt und Frieden damit schließt. All diese Bilder gehören zu dir und machen dich zu dem wundervollen Menschen, der du heute bist.

Aufregend ist der Ausstellungsbereich deines „Hier und Jetzt". Die Leinwände verändern sich ununterbrochen in Farbe und Form. Hier passiert gerade dein Leben in Echtzeit. Es ist bunt und wild, Gedanken streifen die Leinwände, Emotionen klecksen darauf und Formen treten hervor, bis neue Gemälde entstehen. In regelmäßigen Abständen wird ein fertiges Werk gerahmt und in den Bereich deiner Vergangenheit geschoben.

Dieser Bereich ist unheimlich dynamisch und wechselhaft. Hier werden die Leinwände deiner Zukunft mit den Eindrücken der Gegenwart bemalt und formen sich zu deiner Vergangenheit.

Der Ausstellungsbereich, der mir besonders am Herzen liegt (und hoffentlich auch dir), ist der Bereich deiner Zukunft. Er ist voller weißer Leinwände, und auf manchen sind schon erste Striche und Farbkleckse zu erkennen.

Doch auch vollkommene Werke sollten hier bereits zu sehen sein. Mindestens ein Herzenswunsch, ein entfernter Traum oder ein Ziel. Auch das bekannte „Vision-Board" findet hier einen eigenen Platz.

Es ist wichtig, sich auf das zu fokussieren, was wir uns wünschen, denn unsere Energie folgt unserem Fokus. Ein Zukunftsbild ist unser Kompass, der unsere Route in die Zukunft zeichnet, der uns an Möglichkeiten und Gelegenheiten vorbeiführt, die uns auf diesem Weg unterstützen können. Welche Bilder hängen in der Galerie deiner Zukunft?

Als bildnerisch schaffende Künstlerin befasse ich mich intensiv mit dem Thema Manifestation. Ich bringe Werte, Wünsche oder Ziele meiner Klienten auf Leinwand und verknüpfe sie mit starken, motivierenden Emotionen.

Dafür bediene ich mich der allgemeingültigen Wirkung von Farben, Symbolen oder gegenständlichen Bildern, beachte aber besonders auch die individuellen Trigger, die uns Menschen steuern. Zum Beispiel verbindet nicht jeder Mensch einen Schmetterling mit Transformation. Rosa wirkt vielleicht für die meisten Menschen beruhigend, ist allerdings für andere ein „rotes Tuch". Menschen mit traumatischen Erlebnissen haben möglicherweise eine

Hunde-Phobie und andere hingegen verbinden mit Hunden das Gefühl von Familie und Sicherheit.

Bilder gehen direkt an unserem Bewusstsein vorbei in unser Unterbewusstsein und erzeugen Emotionen. Dabei kann unser Unterbewusstsein nicht unterscheiden, ob dieses Bild bereits geschehen ist oder nur eine Vorstellung ist. Es schüttet Hormone aus und verändert sofort unsere ganze Biochemie und unsere Schwingung.

Der erste Schritt ist somit, dass du eine Inventur deiner ganz persönlichen Trigger-Palette machst und dir bewusst wirst, welche Farben, Formen und Abbildungen dich sehr stark positiv beeinflussen. Starke Gefühle sind die Magie, die Manifestationen geschehen lassen.

Danach verknüpfst du passende Emotionen mit deinem Zukunftsbild. Bereiche, für die du ein Zukunftsbild gestalten kannst, sind beispielsweise Familie, Gesundheit, Beruf, Spiritualität, Finanzen oder auch Spaß und Abenteuer. Stelle dir ganz spezifische Fragen und male dir das Bild detailliert aus.

- Wann genau soll dieses Bild wahr werden?
- Wie werde ich mich dann fühlen?
- Mit welchen Menschen bin ich zusammen?
- Was rieche, schmecke oder höre ich? u.v.m.

Spüre die Freude und das Glück, wenn du diesen Lebensabschnitt erreicht hast. Bedanke dich für dieses Bild, als wäre es bereits geschehen, und hole dir dein Bild so oft du kannst hervor.

Ich hoffe, du hattest eine inspirierende und spannende Vernissage deines Lebens und hast nun genügend Ideen und Inspiration, die Galerie deiner Zukunft zu gestalten.

Du alleine hast die Kraft, sie wahr werden zu lassen!

© Fotograf: Kai Steinkühler

Edda Döpke

Coach für ein selbstbestimmtes Leben

T: +49 173 6089482
E: kontakt@eddadoepke.com
HP: https://www.eddadoepke.com

Edda Döpke

Wie vernünftig bist eigentlich du?

Tust du, was du tust, weil „man" das so macht? Ich bin supervernünftig, quasi gelebte Vernunft! Vielleicht liegt das ja an meiner Geschichte. Als ich drei Jahre alt war, wäre ich fast gestorben, eine Woche lang Blinddarmdurchbruch. Da geht man dann wohl lieber auf Nummer sicher.

So habe ich alles das gemacht, was man vernünftigerweise so tut. Ich ging zur Schule, habe mit Abitur abgeschlossen und dann? Studium? Ich lerne nicht gut ohne Druck, von daher schied ein Studium für mich aus. Ich hätte auch so gar nicht gewusst, was ich hätte studieren sollen. Es gab einfach kein Studienfach, das für mich sinnvoll erschien. Wirtschaftswissenschaften oder BWL waren so gar nicht meins.

Also habe ich mich für eine Ausbildung entschieden. Aber auch da stellte sich die Frage: Was denn eigentlich? „Mach was Kaufmännisches, dann hast du eine gute Basis." Wer kennt diesen Satz nicht. So schön vernünftig. Was also blieb? Bank oder Versicherung? Nun meine Eltern sind beide Bänker. Mehr muss ich dir wohl nicht sagen. Also habe ich die Ausbildung absolviert und wurde danach in die Wohnbaufinanzierung (Finanzierungen für Häuslebauer) übernommen.

Der Bereich hatte sich immer mal wieder umorganisiert. So haben sich Veränderungen quasi von selbst ergeben. Offensichtlich war ich zufrieden. War ich das? War das, was ich da tat, das, was ich tun wollte? War mein Leben erfüllt? Ich habe es nicht in Frage gestellt.

1994 kam ich aus meinem Sommerurlaub aus unserer Ferienwohnung zurück – aus Frankreich – meinem Herzensland. Nach meiner Rückkehr fuhr ich zu meinen Eltern, um mich zurückzumelden. Ich war damals 27 Jahre alt und weiß es noch wie heute. Wir saßen um den Esstisch. Mein

Vater saß rechts von mir, meine Mutter mir gegenüber. Irgendwann sagte ich dann: „Wisst ihr, ich ziehe nach Frankreich. Ich wandere aus." Ich liebe das Land, ich spreche die Sprache. Ich wollte dorthin. Mein Vater sah mich mit großen Augen an: „Aber Edda, denk doch an die gute Altersversorgung in der Bank!" Leute, das bringt einen aus der Euphorie so richtig runter. Für ihn war das total verständlich, denn er hatte noch knapp drei Jahre bis zur Rente. Aber für mich? Mit 27? Tja, aus den acht Jahren, die ich damals bereits in der Bank gearbeitet habe, sind mittlerweile über 36 Jahre geworden.

Und warum erzähle ich dir das? Ich kam ins Nachdenken und war vernünftig. Ja, mein Vater hatte Recht. Die seinerzeit in Aussicht gestellte Altersversorgung war wirklich gut. Ich konnte mich in der Bank in alle Richtungen verändern und entwickeln. Schließlich war es eine große Bank, sogar mit Niederlassungen im Ausland. Wie gesagt, ich habe damals einen Rückzieher gemacht, weil es bei mir richtig „Knack" gemacht hat, als er das gesagt hat.

Und ich habe damals mein Leben dramatisch NICHT verändert. Versteh mich nicht falsch. Ich hatte und habe ein OK bis gutes Leben. Nur ist es eben wahrscheinlich nicht das, was ich mir gewählt hätte, wenn ich mich mit all meinen Möglichkeiten auseinandergesetzt hätte.

Genau das erlebe ich ganz oft um mich herum. Menschen machen sich mehr Gedanken darüber, welchen Film sie im Kino sehen wollen, – ob es ein Liebesfilm ist, eine Komödie, ein Thriller oder Actionfilm, mit welchen Schauspielern und welches Kino es sein soll, – als darüber, was sie wirklich im Leben wollen.

Sie setzen sich oft einen sehr limitierten Rahmen, weil sie glauben, dass sie nur eine sehr eingeschränkte Wahl haben: Sekt oder Selters, Berge oder Meer. Sie machen sich keine oder nur wenige Gedanken über die Qualitäten, die sie in ihrem Leben haben wollen.

Wo will ich leben und wie? Mit wem: allein oder Familie? Welche Charakterzüge sind mir in Beziehungen wichtig? Wie soll meine Arbeit aussehen? Wohin und wie will ich reisen?

Die Grundfrage, die ich in Gesprächen immer wieder stelle, ist: „Warum genau willst du das?" Leider wissen viele Menschen dies nicht. Sie wissen ganz genau, was sie im Einzelfall nicht wollen: keinen Thriller, keinen Alkohol, keine Überstunden. Doch wenn man vor ihnen die große Palette aller Möglichkeiten ausbreitet, ist da eine ganz große Ratlosigkeit, Stille.

Ich möchte, dass diese Stille wieder gefüllt wird. Zum Üben wäre es wahrscheinlich nicht verkehrt, mit kleinen, banalen Dingen zu beginnen.

Beim Kinobesuch funktioniert es oft schon ganz gut. Wie wäre es also, mit Restaurantbesuchen weiterzuüben oder beim Einkauf von z.B. Schuhen. Immer wieder die Frage, was brauche ich? Wozu? Wie soll es sein? Und die Beschreibung darf da durchaus sehr detailorientiert sein. Das übt. Je banaler das Übungsobjekt, desto leichter fällt es uns. Sage ich aus vollem Herzen „JA" zu meiner Wahl?

Aber komm dann bitte auch zu den größeren Themen: zu deinem Leben! Welchen Sinn willst du ihm geben und wann genau würdest du dich als glücklich oder erfolgreich bezeichnen?

Das ist das, was ich tue – Menschen zu unterstützen, sich zu spüren. Festzustellen, was will ich eigentlich, was sind die Qualitäten, die ich in meinem Leben haben will? Ich bin die Geburtshelferin für dich in dein selbstbestimmtes Leben.

Zurück zu meiner Eingangsfrage: Wie vernünftig bist eigentlich DU? Möglicherweise kann dir ein Motto, das mich seit ein paar Jahren begleitet, bei der Auseinandersetzung mit der Antwort auf die Frage unterstützen.

Die Leidenschaftlichen leben – die Vernünftigen halten bloß durch.
Bitte lebe – mit viel Leidenschaft!

© Fotograf: Dominik Pfau

Christoph Haag

Angewandte Epigenetik | Gesundheit verstehen und erleben

E: info@christophhaag.com
HP: https://www.christophhaag.com

Barcode Gesundheit – Weil Gesundheit abgelesen wird!

Über die Kraft der Epigenetik!

Wenn man Menschen nach ihren Werten fragt, wird ein Wert besonders oft genannt. Es gibt einen Wert, der fast immer unter den TOP 3 zu finden ist. Dieser Wert ist Gesundheit. Zu Recht, wie ich finde, denn nur, wer gesund ist, kann sein Leben genießen.

Umso mehr bin ich nicht selten verwundert, mit welcher Selbstverständlichkeit manche Menschen die Verantwortung für ihre Gesundheit an einen Arzt abgeben, der sich doch in der Regel primär und insbesondere reaktiv um ihre Krankheiten kümmert, statt aktiv um ihre Gesundheit. Wie oft verschreibt uns der Arzt ein Medikament gegen ein Symptom? Wie oft verlassen wir uns auf Vorsorgeuntersuchungen, obwohl es sich doch nur um eine Momentaufnahme handelt? Und dann ist da noch der Satz: „Das liegt bei mir in den Genen, da kann man nichts machen." Für mich ist Heilung nicht Symptombehandlung und wir sind auch kein Opfer unserer Gene! Das beweist uns die Wissenschaft der Epigenetik.

Epi heißt soviel wie „über", also über den Genen, vereinfacht gesagt: die Gensteuerung, wie beim Computer: Unsere Gene sind die Hardware und die Gensteuerung ist die Software.

In jeder unserer 80 Billionen Zellen ist im Zellkern unser komplettes Erbgut enthalten, unsere Gene. Auf den Genen sind Informationen gespeichert, man kann auch sagen Bauanleitungen. Diese Gene bzw. Bauanleitungen werden täglich millionenfach abgelesen, um daraus Proteine, Hormone oder Enzyme herzustellen, die beispielsweise zum Stressabbau gebraucht werden.

Das kannst du dir vorstellen wie ein Barcode. Ist der Barcode aber verschmutzt oder geknickt, kann er nicht fehlerfrei abgelesen werden. In der Folge kann die Information, die auf dem Barcode hinterlegt ist, nicht korrekt verarbeitet werden. Das kann kleine, aber auch große Auswirkungen haben und sehr teuer werden.

Ein Gen ist also eine Bauanleitung und kann genau wie beim Barcode auf einer Verpackung verschmutzt oder geknickt bzw. zu dicht verpackt sein. Kann die hinterlegte Information, die hinterlegte Bauanleitung dann nicht richtig oder im schlimmsten Fall gar nicht abgelesen werden, führt das zu Fehlern in der Produktion oder sogar zu einem Produktionsausfall. Fehlt ein benötigtes Protein oder ist es fehlerhaft, kann es dann in unserem Körper aber nicht die gewünschte Wirkung entfalten. So können dann beispielsweise Proteine für unsere Immunabwehr gegen ein Virus nicht richtig funktionieren und wir können erkranken.

Tatsächlich wird geschätzt, dass 99 % unserer Krankheiten auf solche Lesefehler bzw. eine falsche Steuerung der Gene zurückzuführen sind, nicht etwa auf falsche Gene oder Gen-Mutationen.

Jetzt kommt die gute Nachricht: Auf dieses Ablesen können wir täglich einen enormen Einfluss ausüben. Denn unser kompletter Lebensstil, alles was wir täglich tun, hat Auswirkungen auf unsere Gensteuerung.

Die Wissenschaft der Epigenetik beweist uns, welche Nährstoffe wir tatsächlich für unsere Gensteuerung, also das korrekte Ablesen der Bauanleitungen, brauchen. So wirkt Vitamin D beispielsweise positiv auf bis zu 3000 Gene. Wir wissen heute, wie negative Gedanken und der dadurch entstehende Stress das korrekte Ablesen behindert. Wir sehen, dass alle Arten von Stress, ein negatives soziales Umfeld, Umweltgifte, eine ungesunde Ernährung, zu wenig Bewegung und nicht zuletzt auch ein schlechter und auch zu kurzer Schlaf Auswirkungen auf unsere Gensteuerung haben. Selbst Erfahrungen im Mutterleib und Traumata können sich in unserer Gensteuerung niederschlagen, aber auch Liebe, Klima und vor allem auch die Erziehung, die wir erfahren haben. Unser kompletter Lebensstil, unsere Gewohnheiten, unsere Gedanken, Umwelteinflüsse und natürlich auch Medikamente, die wir einnehmen, spielen hier eine Rolle.

In diesen Erkenntnissen steckt eine riesige Chance, denn genau hier können wir ansetzen. Unsere Gensteuerung reagiert dynamisch auf Veränderungen. Die Epigenetik kann erklären, wie ein paar smarte Lebensstilanpassungen eine enorme Auswirkung auf das korrekte Ablesen unserer Gene hat, was wiederum positiv auf Körper und Geist wirken kann.

Wir können also mehr Eigenverantwortung für unsere Gesundheit übernehmen und auf die Prozesse in unserem Körper selbst einen enormen Einfluss ausüben. Jeden Tag können wir entscheiden, etwas für oder gegen unsere Gesundheit zu tun.

Meine drei Learnings für dich:

1. Gene: Unsere Gene sind nicht unser Schicksal.
2. Barcode: Unsere Gene müssen richtig abgelesen werden.
3. Lebensstil: Anpassungen haben enormes Gesundheitspotenzial.
   and one more thing: Gesundheit ist kein Zufall!

Wir müssen nicht hoffen, gesund zu bleiben. Ungünstige Gensteuerungen können wir abmildern oder sogar rückgängig machen und unsren Genen neue Signale schicken, gesunde Proteine zu produzieren. Damit können wir unsere individuelle Biochemie verändern und unseren Körper auf ein neues Energielevel heben. Gesundheit steckt in unseren Genen, wir müssen sie nur richtig ablesen. Gerne unterstütze ich dich hierbei.

© Fotograf: Dominik Pfau

Beate Roos

Führungskräfte-Coach & Mediatorin

T: +49 1525 60 43 672
E: beate@beate-roos-coaching.de
HP: https://www.beate-roos-coaching.de

BEATEROOS
Business Coaching

Führungskraft statt Vorgesetzter

Ich habe mal eine simple Frage an dich. Hattest du schon mal einen Chef oder eine Chefin? Vermutlich ja, oder? Waren das Führungskräfte oder wurden die dir nur vorgesetzt? Das ist zugegebenermaßen eine leicht rhetorische Frage.

Um das zu beantworten, möchte ich dich mitnehmen, ein paar Jahre zurück in mein eigenes Dasein als Mitarbeiterin, aber auch als Führungskraft.

Stell dir Folgendes vor. Ich sitze in einem Raum mit zehn Menschen. Alles sind Vorgesetzte, fünf davon sind Topmanager. Ich bin dort, weil ich etwas präsentieren soll. Es geht um ein Projekt, bei dem ich als Teamlead zu einem speziellen Thema als Expertin tätig war.

Genauer gesagt ging es um das Vorstellen eines Entwurfs zu einem Prozess, den wir gerne verändern wollten. Das heißt, es war klar: Es ist ein Entwurf. Es ist nicht fertig.

Wir reden jetzt also mal kurz darüber im Sinne von „gehen wir hiermit in die richtige Richtung, passt das so". Mehr nicht. Ich starte die Präsentation und komme genau bis Folie zwei. Topmanager eins sitzt auf meiner rechten Seite. Er guckt sich das an, was ich zeige, und zerreißt schon direkt im ersten Satz das, was da inhaltlich präsentiert worden ist.

Was, um ehrlich zu sein, noch so gut wie nichts war. Ich war ja nur zur zweiten von etwa neun Folien gekommen. Der Inhalt gefiel ihm also aus irgendwelchen Gründen von vornherein nicht. Ok, so weit, so gut. Topmanager zwei auf der linken Seite macht mit. Dem gefällt es auch nicht. Ist auch in Ordnung. Es ging ja um die Frage, ob wir inhaltlich auf dem richtigen Weg sind oder nicht. Das Feedback war also gewollt.

Was dann aber passiert ist, war schon seltsam. Denn es wurde plötzlich irgendwie in diesem Raum schneller. Es wurde lauter, es wurde hitziger. Die beiden haben sich nämlich angefangen, rechts und links über meinen Kopf hinweg jeweils Argumente zuzuwerfen. Eins negativer als das andere. Es hat keiner mehr mit mir gesprochen.

Es ging irgendwann gefühlt auch nicht mehr um die Inhalte. Mein Eindruck war, dass es im Grunde genommen nur noch darum ging, rechte Seite oder linke Seite, wer hat die schärferen Argumente? Die Stimmung wurde hitziger und aggressiver. Und das schärfste Argument, wenn man das überhaupt so nennen kann, kam dann zum Höhepunkt des Ganzen.

Da hieß es plötzlich von rechts sehr laut, sehr deutlich: „Beate, hast du das jetzt verstanden? So einen Scheiß wollen wir hier von dir nicht mehr." OK, das war eine Ansage. Und keine gute.

Nun war ich selbst zu dem Zeitpunkt auch Führungskraft. Und ich war erschüttert, muss ich ehrlicherweise zugeben. Weswegen ich zwar sitzen geblieben bin, aber nichts mehr gesagt habe. Gefühlt bin ich zum Ende des Termins aus diesem Raum mehr geflüchtet als gegangen. So wütend darüber, was da passiert war. Es war zum Glück ein Freitag, also stand das Wochenende bevor. Erst mal ein bisschen sacken lassen, dachte ich mir.

Am Montag bin ich zu meinem Bereichsvorgesetzten gegangen, der übrigens mit im Raum gesessen hatte. Es waren gleich mehrere aus meiner Vorgesetztenlinie dort vertreten gewesen und keiner hatte etwas zu diesem unpassenden Statement gesagt.

Keiner hat die Führung übernommen, um mich in dem Moment zu schützen in meiner Funktion als Mitarbeiterin.

Ich bin also am Montag bei diesem Bereichsvorgesetzten und beschwere mich offiziell. Ich habe mehr als klar gemacht, dass niemand aus meinem Team jemals in so eine Situation kommen darf. Ich erlaube nicht, dass sie in dieser Runde etwas vorstellen werden. Das war ein absolutes „No go", was dort passiert ist. Das ist nicht das, was wir für unsere Mitarbeiter und Mitarbeiterinnen wollen. So verhält sich keine Führungskraft. Mein damaliger Vorgesetzter ist in dem Moment zur Führungskraft geworden. Er hat mir zugehört, hat aufgenommen, was ich ihm gesagt habe, und er hat für Verbesserung gesorgt.

Es gab Coachings, es gab Kommunikationstrainings und es wurden entsprechende Maßnahmen im Management durchgeführt, damit Mitarbeiter und Mitarbeiterinnen sich sicher fühlen können. Um sich einzubringen, die Extrameile zu gehen, innovativ zu sein und sich auszuprobieren. Man muss doch auch Fehler machen dürfen. Und zwar angstfrei.

Eine gute Führungskraft nimmt dich dabei geistig an die Hand, läuft mit dir und sagt „Alles gut, mach mal". Die Führungskraft vertraut, steht aber auch unterstützend bereit, wenn es nötig wird. Einen bloß „Vorgesetzten" interessiert das nicht.

Was ist also der eigentliche Unterschied, fragst du dich vielleicht. Vorgesetzte werden ernannt. Jederzeit kann irgendjemand zum Vorgesetzten werden. Und damit Anweisungen erteilen. Ist man deswegen Führungskraft? Nein.

Vorgesetzte sind interessiert am Ziel, nicht an den Menschen. Führungskräfte werden allerdings gemacht. Durch entsprechende Situationen. Sie gehen durch Konflikte, sie gehen durch unangenehme Situationen. Wissend, dass sie selbst im Konflikt sind. Nach oben, in ihre eigene Führung. Nach unten mit dem Mitarbeiter oder der Mitarbeiterin.

Führungskräfte sind interessiert am Menschen und erreichen so die Ziele. Eine gute Führungskraft schafft es, genau diesen Weg zu finden. Hin und her zu balancieren, damit der Mensch im Team sich gut fühlt, gehört fühlt, wahrgenommen gefühlt, wertgeschätzt fühlt und dennoch die Ziele erreicht werden können, die die Führungskraft nach oben vertreten muss.

Wenn das passiert, dann hat Führung ihre volle Kraft erreicht. Dann ist es Führungskraft!

© Fotograf: Thomas Sattler – Bad Ausee

Jürgen Menhart

Keynote Speaker,
Experte der Transformationsgestaltung,
Autor

E: office@juergen-menhart.com
HP: https://www.juergen-menhart.com

Jürgen Menhart

WAKE UP! Raus aus der Friedhofsstimmung

Kennen Sie Unternehmen, wo Führungskräfte und Mitarbeiter mit hängenden Schultern durch die Gänge schlurfen und abends froh sind, endlich diese Umgebungen wieder verlassen zu können? Wo die Luft wieder mal sehr dünn ist, eine Stimmung wie beim Abendspaziergang am Friedhof – Stille und wenig Licht am Horizont. Die Mitarbeiter sind erschöpft, die Führungskräfte überlastet, und neue Kollegen sind nur schwer zu finden.

Möchtest du Wege entdecken, wie du für dich und dein Umfeld einen Rahmen gestalten kannst – für gelungene Zusammenarbeit und Erfolge, für Menschen, Teams und Unternehmen? Eine Umgebung, wo es endlich wieder einmal richtig Spaß macht, man sich gegenseitig unterstützt und die Gemeinschaft spürbar ist? In der du als Führungskraft wieder Leichtigkeit erlebst und durchatmen kannst – raus aus der Friedhofsstimmung!

Auf unserem Weg des Wandels finden wir immer wieder viele Gründe, warum dieser doch nicht so einfach ist. Dass es damals einfacher war – vor der Digitalisierung, der Globalisierung, der Zeit von Remote- und Telearbeit. Andererseits – wir alle wollen Veränderung, aber bitte nicht zu viel. Vielleicht kennst du solche Aussagen in Organisationen wie: „Das haben wir probiert, das geht bei uns nicht" oder: „Wir sind anders, das ist halt so bei uns". Was ist jedoch, wenn dieser Wandel doch möglich und ganz einfach in wenigen Wochen gestaltet werden kann?

Wie schaffen wir es, Veränderungen bewusst anzugehen, die Resilienz für uns selbst und für unsere Umgebung zu erhöhen und wirklich frische Schritte zu setzen?

Unsere Vergangenheit hat uns tief beeinflusst wie wir Zusammenarbeit und Führung erlebt und für uns erlernt haben. Unternehmen, Ausbildungsstätten und Organisationen sind nach wie vor stark geprägt durch mehr als die letzten sechs Jahrzehnte der Industrialisierung. Diese Zeit zeigt sich in vielen Dingen unserer Zusammenarbeit, in unserem Muster der Kommunikation, der Art, wie wir führen, unterrichten und geführt werden (wollen?). Sei es am Beispiel von streng-hierarchischen Organisationsformen, schwierigen und lang andauernden Entscheidungswegen über mehrere Instanzen hinweg oder der geglaubten Weiterentwicklung von Mitarbeitern mittels Einzelgesprächen einmal im Jahr, basierend auf Checklisten. Gemeinsam gelebter und lebendiger Gestaltungsraum in Selbstorganisation und Reflexion sieht anders aus.

Seit dem Start dieser Industrialisierung liegt seit jeher der Fokus auf einzelnen Abläufen. Das Ziel dabei: diese zu optimieren im Hinblick auf Leistung und Prozess, um den maximalen Ertrag zu steigern. Was dabei außer Acht gelassen wird – der Mensch! Die Interaktion zwischen Menschen als eigene Individuen mit ihren besonderen Stärken. In aktuellen Umfragen beschreiben 21 % der Menschen, dass sie wirklich begeistert und in voller Inspiration ihrer Tätigkeit nachgehen. Somit füllen 79 % ihr Leben mit Tätigkeiten in ihrem beruflichen Umfeld aus, nur um von „9 to 5" den Tag abzuarbeiten oder noch schlimmer, ihn einfach zu überstehen.

Der Mensch beeinflusst seine Umgebung nicht nur mit „Erfüllung" seiner beruflichen Aufgaben, sondern gestaltet sie selbst Tag für Tag durch das eigene Handeln. Alles was wir tun und wie wir es tun – in der Kommunikation mit dem Kollegen, dem Gespräch mit dem Kunden und im gegenseitigen tagtäglichen Austausch – prägt unser Umfeld und führt dazu, ob wir mit hängenden Schultern durch die Flure streifen oder uns zuwinken und bestärken mit Sätzen wie: „Danke für deinen heutigen persönlichen Einsatz mit allem, was für dich möglich ist!"

Um diesen Weg des Wandels in ein gelungenes und vertrauensvolles Umfeld der selbstorganisierten und wertschätzenden Zusammenarbeit zu gehen und zu stärken, kannst du kleine einfache Schritte setzen. Es gibt viele Rituale, die ihr sofort im Team, in deiner Gruppe, Familie, mit deinen Kollegen oder du in deiner Rolle als Führungskraft starten kannst. Eines dieser Rituale möchte ich dir heute an Herz legen – es nennt sich „die Retrospektive".

Nehmt euch für dieses Ritual alle zwei Wochen Zeit in einer angenehmen Umgebung und stellt euch vier Fragen im Rückblick auf die vergangenen zwei Wochen:

1. Was hat uns in unserer Zusammenarbeit gutgetan? Wofür seid ihr dankbar?
2. Um uns als Team weiter zu stärken – was möchten wir Neues ausprobieren?
3. Wo gibt es für uns als Team noch Herausforderungen? Welche Maßnahmen setzen wir uns für die nächsten zwei Wochen, um etwas Neues dabei zu lernen und besser mit diesen Herausforderungen umgehen zu können?
4. Was werden wir als Team nie-nie-nie wieder tun, weil es uns in unserer Art der gelungenen und erfolgreichen Zusammenarbeit behindert?

Wichtig dabei: Nehmt euch Zeit dafür, macht die Inhalte für euch transparent auf einem Board oder Pinnwand und achtet auf eine gute Moderation – jeder kommt zu Wort.

Führt diese eine einfache Methode für die nächsten zwölf Wochen durch und ihr werdet euch neu in eurer Form der Zusammenarbeit und in eurer Art der Führung kennenlernen und sicher neue Potenziale entdecken. Neue Möglichkeiten für Schritte in ein Umfeld der Gemeinschaft, der Leichtigkeit, mit klarer Struktur und für Erfolge.

Erlebt in eurem gemeinsamen Handeln wieder ein Zauberlächeln. Ein Lächeln, das ihr nicht nur beim Beenden des Arbeitstages erlebt, sondern eines, das euch in Zukunft auch wieder mit mehr Begeisterung in euren gemeinsamen Tag starten lässt. Wake UP! mit New WORK.

© Fotograf: Jannik Gramm

Birgit Richly

Birgit Richly – VOLLzeitICH®
Mama x7 | Pädagogin | Mentorin.

E: office@birgit-richly.com
HP: https://birgit-richly.com

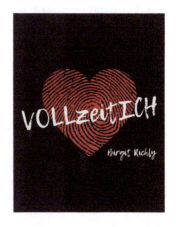

Tritt aus dem Schatten deiner Vergangenheit und lebe!

Es „lohnt" sich, denn hinter der Angst liegt das Leben und die Freiheit ... Auch dein Leben, auch deine Freiheit!

Manchmal darf man noch einmal in den Rückspiegel schauen, noch einmal Dinge durchleben, um sich selbst noch einmal mehr zu verstehen, noch mehr zu spüren ... Um noch einmal mehr zu fühlen, dass man lebt und wie kostbar doch das Leben, jeder noch so kleine Moment nach einem nur einzigen Atemzug sein kann, mit all dem, was ist, und all dem, was war. So zeigt sich dann auch schnell, zu welcher Person man nun geworden ist und welche Stärken man doch besitzt, da man all das überlebt hat und so nun kraftvoll und selbstbestimmt seinen eigenen Herzensweg im Leben gehen darf und immer weiter gehen wird ... Als der Mensch, der man ist, wie man ist, zu jeder Zeit, als VOLLzeitICH®.

Ich bin vor nicht all zu langer Zeit auf der Bühne, wirklich ungeplant, durch drei imaginäre Türen gegangen. Durch die Tür der Vergangenheit, durch die Tür der Gegenwart und die der Zukunft. Ganz vorurteilsfrei, um zu schauen, was war, um noch einmal zu spüren, was ich schon lang nicht mehr spüren konnte/wollte, und um verstehen zu können, wie dankbar ich um das „Hier und Jetzt" sein darf.

Da war zuerst meine Tür der Vergangenheit. Ich sah und erlebte vor meinen Augen ein kleines Mädchen, so um die sieben Jahre alt. Sie hatte Wünsche, Träume, Hoffnungen, sie wollte das Leben genießen, wollte spielen und die Freiheit fühlen. Doch sie erlebte das Leben ganz anders, ganz dunkel, gefangen. Ihr Körper wurde benutzt und Grenzen auf jegliche Art überschritten. Es vergingen Jahre. Es war ihre Kindheit, ihr Leben. So einige schauten zu, aber niemand half. Ihre Versuche an Hilfe zu gelangen, nahmen ab. Da sie immer schnell blaue Flecke bekam, war auch das fürs Außen nicht besorgniserregend. Sie „funktionierte", war freundlich, intelligent, „angepasst". Zum Glück hatte sie aber, ganz für sich allein, tief in ihrem Inneren, einen kleinen geschützten Raum, der ihr von niemanden genommen werden konnte. In ihm tanzte, sang und fühlte sie Liebe zu sich selbst, so wie sie es sich für das „echte Leben im Außen", welches sie kaum spüren konnte, gewünscht hätte. Es traten noch andere Menschen in ihr Leben, die Gewalt wurde „härter". Sie wurde krank, nicht nur seelisch ... Von den Ärzten schon aufgegeben, wuchs in ihr „klammheimlich" der Wunsch, richtig zu leben. Sie fragte sich mehr und mehr, ob es nicht noch mehr gibt, als ein Leben ohne Gefühle. So ging sie durch den Schmerz ... rein ins Leben ...

Ich schloss meine Tür „der Vergangenheit" und öffnete die Tür der Gegenwart.

Und da war und ist es, das Leben, mit all den Farben, die es zu sehen gibt, mit all den Gefühlen, die es zu fühlen gibt. Mit Essen, welches ich selbst wieder würzen kann, weil ich es nun schmecke. Mit sieben wundervollen Kindern, die ich gebären durfte, und ein Leben, welches ich selbstbestimmt bestreite. Ich höre nicht auf zu träumen, weder klein noch groß. So begleite ich als Pädagogin und Mentorin Menschen mit traumatischen Erlebnissen durch die Angst, hin in ihr individuell einzigartiges Leben. Ebenso kommen Menschen zu mir, die sich in ihrem Alltag verloren haben. Gemeinsam finden wir die Zauberminuten in ihrem Leben (wieder).

Aber da war ja noch die Tür der Zukunft, auch da ging ich hindurch und was soll ich sagen...?! Natürlich weiß ich nicht, was die Zukunft bringt, wer weiß das von uns schon?! Aber eins ist gewiss, sie kann wirklich „gut" werden. Besonders, wenn wir uns bewusst machen, was wir schon alles gemeistert haben und welch Wunder uns jeden Tag (vielleicht auch in Form unserer eigenen Kinder) begegnen. Wie dankbar wir für ein Dach über unserem Kopf, fließend Wasser und noch so viel mehr sein können.

Wenn ich mir aussuchen könnte, wer ich bin ... Dann wär ich – ich. Mit all dem, was war, mit all dem, was ist, und mit all dem, was vielleicht noch kommt – „einfach ich" und wer wärst du?

So trau dich, zeig dich – tritt aus dem Schatten deiner Vergangenheit und lebe!

Ja, das habe ich getan, und genau das schaffst du auch! So hoffe ich, dass wir alle einfach Mal tief durchatmen ... „runter kommen", jeder zu sich ... zur Ruhe ... ins „Hier und Jetzt" – ins Leben. Ohne den ganzen anstrengenden „Gedanken-Karusell-Kram", der sich so oft in unserem Kopf dreht. Ohne Geschichten aus unserer Vergangenheit, tief gespeicherte Erlebnisse und/ oder Gefühle unserer Ahnen. Und und und. Nur wir ... hier ...!

Denn du lebst! Du lebst Jetzt! Kannst du begreifen und fühlen, wie wertvoll das ist?!

Es ist DEIN Leben!

DU bist stark, du bist EINZIGARTIG und in deiner EINZIGARTIGKEIT einfach WUNDERvoll!!! Also ...:

Sei ganz du selbst, sei DEIN VOLLzeitICH® 24/7 –
Das wünsche ich dir von Herzen!

Susanne Baier

Heilpraktikerin, Seminarleiterin, Speakerin

T: 07941 9630303
E: susanne@naturheilpraxis-baier.de
HP: https://www.naturheilpraxis-baier.de

Susanne Baier

Hochsensibilität to go

Die Wahrscheinlichkeit, hochsensibel zu sein, ist einiges größer als die Chance auf einen Lottogewinn. Prozentual betrachtet sind 15-20 % der Bevölkerung hochsensible Menschen und haben die besondere Begabung, tiefer zu fühlen und zu empfinden als viele andere. Man entwickelt sich nicht im Laufe seines Lebens zu einem hochsensiblen Menschen durch besondere Lebenserfahrung oder spirituelle Praktiken, sondern man wird so geboren! Hochsensibilität wird Ihnen mit den Genen in die Wiege gelegt, wie Ihre Augen- oder Ihre Haarfarbe.

Mit meiner Arbeit möchte ich dazu beitragen, mehr Wissen und Verständnis für das spannende Thema der Hochsensibilität in der Gesellschaft zu entwickeln und manche Mythen und Vorurteile aufzulösen. Um die multidimensionale Welt hochsensibler Menschen besser zu verstehen, lade ich Sie ein, sich mit ihrer Vorstellung und Wahrnehmung in zwei verschiedene Situationen hineinzuversetzen.

Situation A: Sie sind auf einem tollen Rockkonzert und stehen direkt vor einer großen, wummernden Lautsprecherbox, der Rhythmus der Musik bringt mit den kraftvollen Bässen die Luft zum Schwingen; alle Ihre Körperzellen beginnen mit zu vibrieren, sodass es sich in der Magengrube schon fast unangenehm anfühlt.

Situation B: Sie sitzen entspannt zu Hause im bequemen Sessel und genießen ihre Lieblingsmusik aus ihrer Musikanlage; die Lautstärke und die Töne sind so eingestellt wie sie es mögen, ein angenehmes Licht durchflutet den Raum, es ist ein gemütliches Wohlfühlambiente.

Was haben diese beiden Situationen mit Hochsensibilität zu tun? Hier spiegeln sich die täglichen Herausforderungen hochsensibler Menschen wider. Ein hochsensibler Mensch erlebt den normalen Alltag wie ein ständiges Live-Konzert, mit voll aufgedrehtem Bass und spektakulärer Lightshow.

Nahezu ungefiltert werden Erlebnisse und Impressionen im Gehirn verarbeitet und gespeichert. Gehören Sie zu den Menschen, die im letzten Jahrhundert geboren sind? Dann ist die Wahrscheinlichkeit sehr groß, dass sie bisher noch nichts von ihrer Hochsensibilität wissen. Erst seit wenigen Jahren bekommt dieses Thema mehr Aufmerksamkeit. Das Wissen und Verständnis um die eigene Hochsensibilität oder die unserer Kinder, von Menschen in der Familie oder im Berufsleben, erleichtert und entlastet oft und führt zu einem freieren Leben.

Erst 1997 wurde von der US-Psychologin Elaine N. Aron und ihrem Ehemann Arthur Aron das Konzept der Hochsensibilität – „Highly sensitive person" – begründet und erforscht sowie ein entsprechender Test hierzu entwickelt. Auch auf meiner Homepage finden Sie einen adäquaten Test.

Bin ich vielleicht hochsensibel?

- Kennen sie schlaflose Nächte, Ihr Gedankenkarussell dreht sich immer wieder im Kreis?
- Haben Sie das Gefühl, anders zu ticken als viele andere?
- Wundern Sie sich manchmal, warum Menschen so unsensibel und wenig mitfühlend sind?
- Vermeiden Sie zu viele Informationen oder Filme über Gewalt, Ungerechtigkeit, Leid und Schrecken?
- Erleben Sie Farben, Geräusche oder Gerüche besonders intensiv?
- Fühlen Sie sich in der Natur wohl?
- Empfinden Sie sehr schnell und intensiv Gefühle wie Freude, Begeisterung oder Traurigkeit?
- Haben Sie häufig ein schlechtes Gewissen?
- Fühlen Sie sich oftmals unverstanden?
- Denken Sie oft, Sie hätten es noch besser machen können?
- Sind Sie perfektionistisch oder detailverliebt?
- Fühlen Sie sich manchmal energielos und ausgepowert?
- Empfinden Sie Stoffe auf Ihrer Haut häufig als zu hart oder kratzig?
- Mangelt es Ihnen an Selbstbewusstsein?

- Fällt es Ihnen schwer, sich von anderen Menschen abzugrenzen?
- Stellen Sie Ihre eigenen Bedürfnisse oft hinten an oder unterdrücken diese?
- Sortieren Sie Smarties, Gummibärchen usw. nach Farben, bevor Sie diese essen?

Wenn sie mehr als fünf Fragen mit „Ja" beantwortet haben, gehören sie vielleicht auch zu den Menschen mit einer erhöhten Sensibilität.

Hochsensible Menschen verfügen über eine tiefe Wahrnehmung, ein ausgeprägtes Einfühlungsvermögen, ein starkes Gerechtigkeitsempfinden und ihre Empathie ist grenzenlos. Sie sind mit ganz feinen Super-Antennen ausgerüstet und können hiermit viel mehr Informationen empfangen als der Durchschnitt der Bevölkerung. Sämtliche Wahrnehmungen und Sinneseindrücke werden zusätzlich emotional belabelt und neuronal in den Tiefen des Gehirns sicher und fast unauslöschbar gespeichert.

Auch traumatische Erlebnisse werden abgespeichert und sind daher unbewusst jederzeit abrufbar. Oftmals tragen hochsensible Mensch Ängste und Sorgen über viele Jahre mit sich und wissen nicht, warum dies so ist und wie sie diese Schwere nachhaltig auflösen und in Leichtigkeit und Freude transformieren können. Prinzipiell sind hochsensible Menschen meist sehr robust und belastbar und verfügen über eine gute Resilienz. Durch die außerordentliche Gabe der schnellen Empfindung und neuronalen Vernetzung im Gehirn, bildet dieses Potenzial auch eine rasante Regenerationsfähigkeit; man muss nur wissen, wie man diese Ressourcen abrufen und für das eigene Wohlgefühl und die Gesundheit nutzen kann. Jeder Mensch ist einzigartig und vollkommen, dies gilt natürlich genauso für hochsensible Menschen. „Den typischen hochsensiblen Menschen" – den gibt es nicht!

Zuweilen kann dieses bunte und empathische Leben ganz schön anstrengend sein; ich spreche aus langjähriger Lebenserfahrung und oute mich hier: Ja, auch ich bin hochsensibel und wer weiß, vielleicht darf ich auch SIE herzlich willkommen heißen, im „Club der hochsensiblen Menschen"?

© Fotograf: Dominik Pfau

Bastian Rohrhuber

Multiunternehmer |
Investor | Berater | Speaker

HP: https://rohrhuberbastian.com

Vision statt Zerstreuung

25 Jahre, beinahe ein Vierteljahrhundert war ich gefangen in virtuellen Netzen. Mein Leben Bestand nur aus zwei Wünschen: Geldverdienen und Computerspielen.

Ich war so fokussiert und so gehetzt zwischen finanzieller Freiheit und Computerspielen. Es war ein ständiges Hin und Her, bis ich mich am Ende komplett verloren hatte. Das war nicht immer so – ich erinnere mich noch an die Zeit zurück, da war ich ein kleiner Junge. Ich konnte die Natur genießen, den Wind in meinem Gesicht spüren, wenn ich mit dem Fahrrad um die Häuser flitzte. An Weihnachten, Ostern und an Geburtstagen fühlte ich mich so lebendig. Ich dachte, wenn ich erwachsen bin, dann kann ich frei leben und immer so glücklich sein.

1991 war ich zehn Jahre alt, und an Weihnachten hatte ich ein richtiges Brennen in mir, ich hab mich gefreut und ich war den ganzen Tage aufgeregt, denn ich hatte mir einen PC gewünscht – einen Computer, und den habe ich auch bekommen.

Was ich an diesem Abend nicht wusste, dass ich ab diesem Moment angefangen habe, mein ganzes Leben um diesen Computer herum auszurichten Wann immer es in der Schule, mit Freunden oder in Beziehungen Probleme gab, bin ich nicht etwa zu meinen Eltern gegangen, nein, sondern ich habe den Computer angeschaltet und mir eine Welt gebaut, die so hell und glanzvoll war und die ich immer nach meinen Wünschen umgestalten konnte.

Und dann war ich irgendwann erwachsen , und ich war nicht glücklich. Ich hatte Geld und ich war unglücklich. In meinem Herzen brannte ein unsäglicher Wunsch nach Verbindung und Freiheit. Aber diesen Freiheitswunsch missinterpretierte ich und suchte sie im Außen. Ich wollte immer weg. Ich wollte weg von mir, ich wollte weg von meiner Familie und Freunden. Ich wollte eigentlich von allem weg. Letztlich war ich nirgendwo zu Hause – weder in mir noch woanders.

Doch dann machte mir das Leben ein großes Geschenk. Als ich meine jetzige Frau kennenlernte, reichte sie mir dir Hand und zeigte mir, dass der Blick nach innen die Lösung ist. Am Anfang verstand ich es nicht ganz – aber ich ließ mich drauf ein. Ich war mutig und begann eine mehrere Jahre andauernde Reise zurück zu mir.

Eine besondere Geschichte dieses Weges möchte ich euch hier erzählen.

Um mein Leben wieder mit Inhalt und Sinn zu füllen, begab ich mich auf eine Visionssuche – ein Ritual der Lakotaindianer –, bei welchem es darum geht, auf einem festen Platz in der Natur alleine zu fasten und die Gedanken zur Ruhe kommen zu lassen und Antworten zu finden. Wie geht es für mich weiter? Was ist der nächste Schritt? Das waren die zentralen Fragen, welche ich mir stellte.

Nun saß ich da auf meinem Berg und hatte 96 Stunden vor mir. Bereits am zweiten Tag fiel mein Blick auf ein Vogelnest, welches in einiger Entfernung auf einem kleinen Baum gebaut war. Als es am dritten Tag durchgehend regnete und ich mich unter meiner kleinen Plane verkrochen hatte, war ich zutiefst davon beeindruckt, mit welcher Hingabe die beiden Amseleltern sich um ihre Jungen kümmerten. Sie flogen von früh bis spät ununterbrochen und vom Regen völlig unbeeindruckt zur Futtersuche.

Dieses Bild lies mich nicht wieder los und ich erzählte am Ende der vier Tage unserem Lehrer und den übrigen Teilnehmern von meiner Geschichte. In der festen Überzeugung, dass alle anderen Teilnehmer – wir waren 16 Personen – ebenfalls ein Vogelnest gesehen haben müssen. Schließlich war ja Frühling. Dem war nicht so – ich war der Einzige.

Durch den Mut, diesen Zeichen zu folgen, durfte ich in den kommenden Jahren Vater zweier wundervoller Töchter werden, welche mir durch ihre ungetrübte Liebe halfen, den finalen Weg zurück zu mir zu finden. Sie haben mich zutiefst beeindruckt und berührt, sodass ich nicht mehr weg laufen konnte und im Feuer stehen blieb und mich veränderte.

Heute stehe ich mit beiden Beinen wieder fest im Leben, wie der kleine Junge – aber jetzt bin ich erwachsen, jetzt kann ich Dinge bewegen. Jetzt kann ich diese Welt zu einem besseren Ort machen.

Ich frage euch: Können wir es uns leisten, eine ganze zukünftige Generation zu verlieren? Sind wir alle, seid ihr alle, sind die Unternehmen so langweilig, dass sich unsere Jugend lieber in Bits und Bites versteckt, als raus zu gehen in die Welt und sich zu zeigen, zu lachen und zu tanzen?

Ich musste schmerzlich in meinem Leben feststellen, dass unternehmerischer Erfolg nicht lebenserfüllend ist. Meine Geschichte ist die, dass ich als erfolgreicher Unternehmer unterwegs war, aber das Glück bei mir nicht eingetreten ist und ich den Stress und den Druck mit Spielsucht kompensierte. Aus zahlreichen vertrauten Gesprächen mit Unternehmern weiß ich, dass viele Unternehmer dem Druck und dem Stress auf unterschiedlichste Art und Weise Raum geben. Und deshalb ist es für mich ein ganz großes Anliegen, dass Unternehmer stark bleiben, kraftvoll bleiben und lernen, Druck und all diese Themen nicht mit in ihre Familien zu tragen, sondern lernen, wie ich es auch gelernt habe, in Liebe und Verbundenheit Erfüllung zu finden und dadurch auf allen Ebenen aufzublühen.

Genau mit solchen Unternehmern bauen wir Deutschlands stärkstes Unternehmernetzwerk, den Pioneers Circle, auf. Das stärkste deshalb, weil wenn wir Unternehmer in unserer wahren inneren Kraft sind, hält uns nichts und niemand mehr auf.

© Fotografin: Bea Schneider

Oya Erdoğan

Coach für Persönlichkeitsentwicklung
Meditationslehrerin
Speakerin

E: office@oya-erdogan.com
HP: https://www.oya-erdogan.com
HP: https://www.om-mit-oya.com

… Oya Erdoğan

Meditieren wirkt

Ich liebe es zu meditieren. Hast du auch schon die Erfahrung gemacht, dass Meditieren wirkt und dich zur Quelle deiner Kraft bringt?

Ich will dir erzählen, was mir vor vielen Jahren widerfuhr. Ich hatte zum ersten Mal den innigen Wunsch, frühmorgens aufzustehen und in den Park zu gehen, um mit der aufgehenden Sonne zu meditieren. Ich fand mich unter zwei bildschönen, hohen Platanen ein, rollte meine Matte aus und begab mich in meinen Meditationssitz. Die aufsteigende Sonne vor mir erleuchtete die Dunkelheit hinter meinen Augen. Ich meditierte tief und es wurde alles licht in mir. Ich fühlte einen solch tiefen Frieden, dass ich dachte: Schöner kann es nicht sein!

Genau in dem Moment … wwwau!!! … wurde ich angebellt. Mein Herz rutschte vor Schreck in meine Hose, obwohl ich spüren konnte, dass es nur ein kleiner Hund war. Mit außergewöhnlicher Klarheit nahm ich wahr, wie mein Kampfinstinkt entflammte. Aus meinem Bauch schoss eine Welle der Empörung in mir hoch. Wie konnte es dieser kleine Köter wagen, meinen Frieden zu stören? Zugleich war meine Seele ganz ruhig und riet mir: „Bewahre deine Haltung. Es ist auch besser, wenn du deine Augen nicht aufmachst."

Mental war ich stark genug, äußerlich meine Contenance zu bewahren. Innerlich aber tobte es weiter und ich erging mich in Gedanken über den Kläffer und seinen Besitzer, der ihn frei herumlaufen ließ. Ich hätte sie beide umbringen können. Da hörte ich eine Stimme aus dem Off – und der Hund zog von dannen.

Als ich mich beruhigt hatte, konnte ich wieder klar denken. Das kleine Hündchen hatte wahrscheinlich noch nie in seinem Leben einen meditierenden Menschen gesehen und war einfach nur neugierig gewesen. Ich schämte mich für meine blinde Reaktion. Da hatte ich gerade über Frieden meditiert und im nächsten Augenblick hegte ich mörderische Gedanken. Ich fragte mich, was ich daraus zu lernen hatte. Worum geht es denn bei der Meditation?

Und ich erkannte: Ich muss den inneren Frieden ausweiten. Er sollte nicht nur in mir, sondern auch um mich herum sein, spürbar für andere. Das inspirierte mich! Ich hatte sogleich Bilder vor Augen von Orpheus, dem griechischen Sänger; von Madschnun, dem göttlich verzückten Dichter; und von all den Heiligen, die einen so vollkommenen Frieden verströmten, dass selbst die wildesten Tiere in ihrer Gegenwart zahm und lammfromm wurden.

Genau diese Qualität wollte ich auch erreichen. Und ich fokussierte mich darauf und meditierte über diesen Frieden. Ich fühlte, wie sich das Licht in mir ausbreitete, sich wie eine Woge des Friedens und der Liebe in mich ergoss und aus mir heraus strömte. Ich lenkte die Energie und spürte, wie sich um mich herum ein immer größerer Radius bildete, der von göttlichen Schwingungen erfüllt war. Das war so überwältigend! Ich dachte nur: WOW, das ist es! Ich hab's gefunden. Und genau da ... bellt mich wieder ein Hund an!

Diesmal war er groß – auf Kopfhöhe. Und entsprechend ging sein Bellen durch Mark und Bein. Blitzartig schob mein Körper Panik. Vor meinem inneren Auge sah ich nur die fletschenden Zähne des Hundes. Wieder schoss mein Kampfinstinkt hoch, merkte aber schnell, dass er gegen dieses Kaliber keine Chance hätte. In höchster Not wandte ich mich an die höchste Quelle der Kraft und richtete ein Stoßgebet in den Himmel: „Mein lieber Gott!! Soll das mein Abgang sein, dass mich ein Hund beim Meditieren tot beißt?!"

Ich hätte mich am liebsten zusammengerollt und klein gemacht. Aber meine Seele riet mir, meine aufrechte Haltung keinesfalls zu lösen. Und sie warnte mich eindringlich, meine Augen ja nicht aufzumachen. Diesmal war es ernst. Natürlich hielt ich mich daran. Äußerlich ein Buddha, innerlich ein tosender Sturm. Der Hund bellte mich immer lauter an. „Herr, ist das wirklich dein Wille, dass er mich zerfleischt? Ich werde aber bis zuletzt meine

Haltung nicht auflösen!" Auf dem Höhepunkt meiner inneren Turbulenzen erklang eine Stimme ... sie kam aus dem Off. Der Hund knurrte mich äußerst unwillig an. Ich reagierte nicht. Und er zog von dannen. Ich hatte es überlebt.

Diese Erfahrung hat mich enorm viel gelehrt. Vor allem Demut, und nie zu glauben, ich hätte das höchste Maß an Frieden schon erreicht. Und: Meditieren wirkt. Es verleiht uns Qualitäten, die wirksam, wahr und wertvoll sind.

Seither sind viel größere Hunde in mein Leben getreten. Ich meine damit diese Hundsbrocken und Hundstage, die das Licht in uns verdunkeln können. Das Leben ist nicht immer charmant, es bellt uns immer wieder an. Mit der Kraft, die wir durch Meditation und Selbsterkenntnis aufbauen, werden wir fähig, alles zu meistern.

Diese drei Maximen möchte ich mit dir teilen:

1. Vertiefe deine Qualitäten wie innere Ruhe und Frieden, indem du angesichts von Herausforderungen erst recht daran festhältst. Das steigert deine innere Kraft.
2. Bewahre immer deine edle Haltung und du wirst zum richtigen Zeitpunkt die richtigen Entscheidungen treffen.
3. Vertraue der Stimme deiner Seele, vertraue auf die göttliche Gegenwart, die dich beschützt. Indem du mit der Quelle deiner Kraft verbunden bist, wirst du auch in unsicheren Zeiten sicher durch das Leben gehen.

Meditiere tief und überzeuge dich selber davon, wie diese Kraft deinen Charakter auf schönste Weise verwandelt. Ich zeige dir, wie es geht. Fürs Erste würde ich dir Folgendes ans Herz legen: Meditiere niemals frühmorgens in einem Park, wo Hunde frei herumlaufen.

Mit Liebe
Deine Oya

Evelyne Schneider

Vom Zweifel zur Zuversicht

HP: https://www.evelyneschneider.com

Evelyne Schneider

Ein Plädoyer für den Zweifel

Achtung: dieser Artikel könnte Ihre Sicht auf den Zweifel radikal verändern!

Ich will Ihnen Ihre Zweifel jedoch gar nicht ausreden. Schließlich hat man ja meist schon eine enge Bindung an die eigenen Zweifel entwickelt. Auch wenn diese Beziehung vielleicht eher an eine Hassliebe erinnert. Dennoch: Zweifel sind manchmal sogar schon Teil der eigenen Identität geworden, was die Trennung von ihnen ungleich schwieriger gestaltet.

1. Die meisten Menschen kennen nur seine negative Seite

Haben Sie sich jemals gefragt, woher diese weit verbreitete Haltung kommt, den Zweifel so negativ zu betrachten? Vor allem, wenn Sie meinen, der Zweifel sei etwas, das man möglichst schnell loswerden sollte. Glauben Sie immer noch, der Zweifel sei ein übler Geselle, der Sie nur behindern, einschüchtern und letzlich in die Verzweiflung treiben will? Weit gefehlt! In diesem Fall nutzen Sie ihn schlicht und ergreifend falsch.

Aber seien Sie unbesorgt, das ist nicht Ihre Schuld. Sie haben das wahrscheinlich so gelernt, dass er sich nur negativ auswirkt. Und einen schnurstracks in die Verzweiflung führen kann. Ganz zu schweigen von Ihren Selbstzweifeln und Grübeleien, die angeblich auf sein Konto gehen.

2. Am Gedankenkarussell erkennen Sie Ihren Umgang mit Zweifeln

Der Zweifel hat zu Unrecht einen so schlechten Ruf. Zugegeben, er hat schon einige Tricks auf Lager, so lange man das „Kleingedruckte" bei ihm nicht kennt. Dann kann er tatsächlich allerlei Unfug anrichten. Beispielsweise, wenn Sie vor einer Entscheidung stehen. Und Sie wissen nicht so recht, was Sie eigentlich wollen. Weil Sie sich Ihrer Prioritäten und Werte nicht sicher sind, an denen Sie Ihre Entscheidung ausrichten könnten. Da fühlt sich der Zweifel sofort eingeladen, dabei mitzuhelfen, Ihren Entscheidungsprozess so richtig schön auszukosten. Noch dies und jenes zu überdenken. Und nochmals. Und vielleicht noch ein Argument. Noch ein paar andere Menschen um deren Meinung fragen ... Eine der liebsten Spielwiesen des Zweifels. Da kann er in Ihren Gehirnwindungen so richtig herumtoben. Und er tarnt sich dabei auch gerne in Form von Ängsten, negativen Überzeugungen und Glaubenssätzen usf. Meist merken Sie das an dem sogenannten Gedankenkarussell, das Ihren Geist verwirbelt.

Allerdings will er – der Zweifel – Sie damit meist zum konstruktiven Nachdenken anregen, nicht zum endlosen Grübeln. Woher ich das weiß?

Von außen betrachtet hatte ich – damals mit knapp vierzig – schon eine ansehnliche Karriere im Weiterbildungs- und Kultur-Management hingelegt. Allerdings fühlte ich mich innerlich keineswegs so erfolgreich. So durchzweifelt war ich. Mit schöner Regelmäßigkeit sind mir entweder vor einem richtig großen Karrieresprung, einer sich bietenden einmaligen Chance oder vor der Bewältigung einer bedeutsamen Herausforderung wie aus heiterem Himmel Dinge passiert, die alles Erhoffte zunichte machten. Was meinen Zweifel (an mir) noch intensivierte.

Und ich war nahezu besessen davon, dem auf die Spur zu kommen.

Was mir auch gelang, als ich erkannte, dass der Zweifel mir andererseits auch half, mich weiterzuentwickeln, Dinge besser zu bewältigen etc. Also änderte ich meinen Fokus in Bezug auf den Zweifel und gewann ihn als Lehrmeister und Verbündeten.

3. Negativ ausgerichteter Zweifel raubt Lebenszeit

Das wahrhaft Dramatische am negativen Zweifel(n) ist jedoch, wie viel wertvolle Lebenszeit damit vertan wird. Ich habe das einmal grob hochgerechnet und bin – je nach aktuellem Lebensalter – auf bis zu drei Jahre gekommen. Wahrscheinlich gibt es da noch Luft nach oben ...

Denken Sie bloß daran, wie viele Gelegenheiten es während eines ganz normalen Tages gibt, zu zweifeln ... Am Morgen bereits, ob Sie gestern nicht doch besser X statt Y gemacht hätten, weil jetzt bestimmt Z eintreten wird, ob Sie es noch rechtzeitig dorthin und hierhin schaffen, ob Sie ... Spüren Sie es, wie viel Energie Ihnen das alles nimmt? Also zu viel negatives Zweifeln kostet nicht nur Zeit, es raubt auch Energie!

Bereits mindestens zwei gute Gründe, sich für die positive Seite des Zweifels zu interessieren. Wenn Sie noch immer daran zweifeln sollten, ob der Zweifel wirklich nutzbringend auch für Sie sein kann ... er ist der Motor der Wissenschaft! Bitte, wenn das kein Beweis ist! Ohne die positive Kraft des Zweifel(n)s säßen wir heute noch in der Höhle ... schlimmstenfalls.

Nutzen Sie also mehr den Aspekt des Hinterfragens von Dingen, Meinungen, Angelegenheiten und Situationen, als den des Zer-Denkens und Zer-Zweifelns. Es geht dabei um die Qualität des Denkens an sich. Um die Ausprägung des eigenständigen Denkens. Dafür ist der Zweifel ebenso ein geniales Werkzeug.

Fazit: Sie können sich somit von einer (verzagten) Zweifler-Persönlichkeit zu jemandem entwickeln, dessen Fokus auf Zuversicht und Klarheit liegt. Zwei absolute Boni ... Sie gewinnen Zeit, weil Sie sich nicht mehr in sinnbefreiten Denkschleifen selbst massiv einlullen. Sie treffen schnellere und sehr wahrscheinlich auch bessere Entscheidungen, weil Sie den Fokus auf die wesentlichen Kriterien halten können. Und was den oder die Selbstzweifel angeht: Diese sind ohnehin eher Ablenkungsmanöver von Ihren wahren Talenten, Fähigkeiten und Potenzialen. Und der konstruktive Zweifel liefert Ihnen das Rüstzeug zum Hinterfragen, was da dran wirklich wahr ist. Da ist er der geborene Aufdecker von angestaubten Urteilen über sich selbst – oder etwas trendiger ausgedrückt – von „Glaubenssätzen".

Sie können also nur gewinnen, wenn auch Sie zukünftig Teil meiner Mission werden, den Zweifel salonfähig zu machen! Also ihn als etwas zu sehen, was – bei entsprechendem Gebrauch – Nutzen stiftet und worüber gesprochen werden darf!

© Fotografin: Sandra Furlic

Katja Oeller

Neuro-Mentorin und Impulsgeberin
für neues Marketing-Denken

T: +43 699 119 61 501
E: office@katja-oeller.com
HP: https://katja-oeller.com

Zeige, wer du bist, und deine Kunden werden dich lieben

Das Wichtigste für deinen Unternehmenserfolg ist, sich an den Wünschen der Kunden zu orientieren. Dies behaupten viele Marketer. Doch ist das richtig? Oder ist es umgekehrt? Welchen Hut setzt du dir auf? Je nachdem, welcher Kunde vor dir steht? Bitte, nein! Auf keinen Fall. So verhinderst du, dass die „richtigen" Kunden zu dir kommen können.

Es ist doch besser, du positionierst dein Unternehmen mit einer eigenen Botschaft und ziehst dadurch die Kunden magisch an, nicht wahr? So ist man ja auch authentisch, und genau das baut Vertrauen auf. Was würdest du sagen, wenn Red Bull auf einmal auf Sicherheit plädieren würde? Oder Rolex auf einmal auf bunte Abwechslung? Wo ist denn da das Erkennungsmerkmal? Auch ich habe mir einst einen falschen Hut aufgesetzt. Ich gab damals Vollgas – doch mit angezogener Handbremse. Kennst du auch dieses Gefühl?

Ich habe damit leider viel Werbebudget beim Fenster hinausgeworfen. So wie einst auch Henry Ford sagte. Er meinte, 50 % des Werbebudgets sind immer aus dem Fenster geworfen. Da wäre es doch hilfreich, erkennen zu können, welche Werbung Geldverschwendung ist und man gleich von Beginn an die eigentlichen Wunschkunden erreichen könnte. Man müsste nur wissen, wie die Kaufentscheidung im Gehirn getroffen wird … und genau das ist mittlerweile möglich.

Ich lernte die Welt der Neurowissenschaft und des Neuromarketings kennen und erkannte die großartigen Möglichkeiten, damit die eigene Firmenbotschaft klar darzustellen.

Eine falsche Positionierung hat die falsche Zugkraft: Ich erkannte nun mein damaliges Problem. Ich war falsch positioniert. Nämlich nur rational.

Auf den vermeintlichen Kunden ausgerichtet. Mein Wording passte nicht mit meinem Angebot zusammen. Meine Art und Weise, wie ich meinen Kund*innen helfen kann, war nicht erkennbar. Meine Unternehmensfarben, Formen und Bilder drückten etwas anderes aus. Ich zog zwar Kunden an, doch die falschen. Es passte nicht. Die Kund*innen erwarteten eine andere Person, einen anderen Stil, einen anderen Zugang. Doch wie schafft man es, dass die eigene Innenwelt auch nach außen sichtbar ist? Es geht um die Beantwortung dieser simplen Fragen: Warum sollen die Kunden ausgerechnet zu dir kommen? Was machst du besser und vor allem anders als der Rest der Welt?

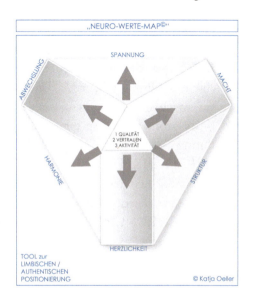

Die Antwort ist für viele nicht leicht zu beantworten. Daher habe ich ein Tool entwickelt, den wirklichen Unternehmenskern zu erkennen: die „Neuro-Werte-Map". Darin werden Begriffe aufgelistet, die für das Unternehmen sprechen können. Diese Begriffe kommen aus der Neurowissenschaft – bzw. aus dem Neuromarketing – und werden Gehirnarealen zugeordnet.

Werfen wir einen Blick in unser Gehirn: Wie funktionieren die neuronalen Prozesse in uns selbst? Bei unseren Kunden? Unser Gehirn hat etwa 100 Milliarden Gehirnzellen. Und 70 bis 100 Billionen neuronale Verbindungen – das ist mehr als alle Sterne in der Milchstraße. Alle Nervenstränge zusammen ergeben fast 5,8 Millionen Kilometer – das sind 145 Mal der Erdumfang. In diesen Verbindungen sind all unsere Erlebnisse und Erfahrungen gespeichert. Diese bewirken, wie wir ticken – wie wir entscheiden. Dadurch unterscheiden wir uns. Jeder Mensch tickt anders. Doch es gibt Tendenzen – Richtungen –, nämlich genau sechs Richtungen. In unserem limbischen System (Unterbewusstsein) sitzt unsere Steuerungszentrale unserer Entscheidungen – es ist das Belohnungszentrum. Eine rationale Positionierung ist daher zu wenig. Eine Positionierung mit unseren limbischen Emotionen ist viel stärker und authentischer. Sie ist wie ein Upgrade und ist genau jetzt richtig für diese turbulente Zeit. Sie stärkt das Business-Fundament.

Kaufentscheidungen werden zu 98 % aufgrund des eigenen Belohnungssystems getroffen. Das bedeutet, der Mensch kauft lieber, wenn er sich damit belohnt fühlt. Es geht ums Wünscheerfüllen und Streben nach einem guten Gefühl.

Die Magie des Kaufmagneten: Der Kaufprozess ist ein Streben nach einem bestimmten Wunsch. Und das ist das ganze Geheimnis. Finde heraus, welchen Wunsch du selbst mit deinem Unternehmen ansprechen willst. Im Neuromarketing sprechen wir von sechs Richtungen: Soll dein eigenes Business die Werte MACHT & LEISTUNG präsentieren? Oder vielleicht HERZLICHKEIT & SICHERHEIT? Oder doch lieber HARMONIE & GENUSS? Ach nein, lieber SPANNUNG & ABENTEUER, oder? Aber die Kunden wollen doch lieber SPASS & ABWECHSLUNG? Oder ist es besser, sich mit ORDNUNG & STRUKTUR am Markt abzuheben? Worin bist du gut – einzigartig – besonders – anders als andere Unternehmen?

Als Neuro-Mentorin und Impulsgeberin für neues Marketing-Denken unterstütze ich Unternehmerinnen und Unternehmer darin, ihre wahre limbische Richtung für ihr Business zu erkennen.

Endlich ein individuelles System für das eigene Business. Mit der von mir entwickelten Marketing-Optimierungs-Methode ist ein Upgrade von einer „normalen" Positionierung zu einer „limbischen" Positionierung leicht umsetzbar. Dies löst endlich die Handbremse. Die richtige Richtung ist das Geheimnis. Die richtige Richtung ist wie ein Magnet. Finde deine Richtung. Zeige klar und bewusst deine „limbische" Positionierung und du zeigst deinen zukünftigen Stammkunden den Weg zu dir. Zeige sie mit Wörtern, Farben, Bildern und Aktivitäten. So bist du einzigartig und anders als andere am Markt. **Viel Spaß bei deiner Suche nach deinem wahren Unternehmenskern. Finde deine authentische und limbische Positionierung.**

© Fotograf: Goldlichtstudios, Hamburg

Ina Ueberschär

Therapie und Coaching

Persönlichkeitsentwicklung | Selbstwert | Resilienz

T: +49 4541 885 93 00
E: info@ina-ueberschaer.com
HP: https://www.ina-ueberschaer.com

INA UEBERSCHÄR

Ina Ueberschär

Ein guter Selbstwert – eine gute Zukunft

Ich möchte nie wieder einen schlechten Selbstwert haben. Das wünsche ich jedem – egal, ob jung oder gerade erwachsen, frisch ins Berufsleben gestartet oder in betagten Jahren. Ich würde mir sogar wünschen, dass alle Menschen einen guten und gesunden Selbstwert ihr Eigen nennen können.

Ich kann mich gut an ein Gespräch kurz vorm Abitur mit meinen Mitschülern erinnern. Viele hatten sehr konkrete Ziele für die Zeit nach der Schule. Jura, Architektur, Medizin. Das fand ich alles großartig und gleichzeitig beneidenswert. Solche Ziele hatte ich nicht. Ich hatte nur vorsichtige und wechselnde Ideen, denn ich habe mir schlichtweg sehr wenig zugetraut. Um ehrlich zu sein, habe ich mich nicht einmal getraut, meinen Eltern den vagen und sehr zarten Wunsch eines Psychologie-Studiums vorzuschlagen, wusste ich doch, dass nur ein einziger Einwand oder auch nur eine einzige Frage diesen Wunsch zusammensacken lassen würden wie ein Ballon, aus dem man die Luft herauslässt. Letztendlich habe ich gemacht, was mir vorgeschlagen wurde – und das für sehr viele Jahre.

Heute ist das mit meinem geringen Selbstwert erfreulicherweise anders. Ein Prozess, den ich selbst so sehr wollte wie die Luft zum Atmen, hat über die Zeit eine riesige Veränderung gebracht. Habe ich diesen Prozess bewusst angestoßen? Nein, zunächst nicht. Ich habe nur gefühlt, dass ich unzufrieden war und mir Veränderungen gesucht, mit denen ich mich besser fühlte. Kann man einen solchen Prozess bewusst lenken und schneller gestalten? Oh ja. Kann das jeder? Auf jeden Fall! Ist ein geringer Selbstwert eine Ausnahmeerscheinung? Nein. Absolut nein.

Heute erlebe ich ein Déjà-Vu. Ich höre in meiner Arbeit, wie Jugendliche mir ihre Geschichten erzählen und muss feststellen, dass im schlimmsten Fall die Eltern, manchmal die Freunde, aber und insbesondere auch die Lehrer den Selbstwert dieser Jugendlichen torpediert, sabotiert und boykottiert haben und nicht selten ist nur wenig davon übrig.

Manchmal kommen Paare in meine Praxis. Einer von beiden hat vielleicht einen sehr geringen Selbstwert. Oft wird dann jedes Wort als Kränkung und Kritik empfunden, obwohl es nicht so gemeint ist. Mehr als einmal habe ich so erleben müssen, dass die Beziehung völlig umsonst an einem seidenen Fanden hing. Viele Paare bewältigen eine solche Krise ohne Hilfe nicht.

Meist kommen jedoch Einzelpersonen zu mir, deren Selbstwert seit den Jugendjahren keinen bis kaum Aufwind erfahren hat. Sie kommen aus verschiedenen Gründen, weil sie ihren geringen Selbstwert als Ursache noch gar nicht erkannt haben. Sie kommen mit der Frage, was ihrer Zukunftsplanung im Wege stehe. Oder sie fühlen sich erschöpft und kommen gar nicht richtig in ihre Kraft. Der geringe Selbstwert kann auch hierfür einer der Gründe sein. Einfach zusammengefasst sind es negative Gedanken, Selbstzweifel, Angst davor, Fehler zu machen, Angst vor Ablehnung, Angst vor Kritik, Angst davor, Entscheidungen zu treffen und einiges mehr.

Die gute Nachricht ist: Diesen geringen Selbstwert kann man – also jede und jeder einzelne – in einen guten Selbstwert umwandeln. Dafür gibt es Lösungen, Erkenntnisse, Übungen, Selbsterfahrungen und so vieles mehr. Einen guten Selbstwert kann man trainieren. Das macht sogar Spaß.

Ich möchte an dieser Stelle mit IHNEN träumen. Halten SIE kurz inne. Hören SIE kurz in sich hinein. Für diesen einen geträumten Moment ist alles möglich:

Wie wäre es, wenn SIE einen super Selbstwert hätten? Sie sind die Queen oder der King ihres Lebens! Wie wäre es, wenn sich das Leben leicht und locker anfühlt? Wenn die Wünsche, die SIE in sich tragen, in Erfüllung gingen? Wir wäre es, wenn SIE Dinge, die SIE sich vornehmen, schaffen? Wenn SIE IHRE Träume und Ziele erreichen? Wie wäre es, wenn IHRE Gedanken so bunt sind, wie das Leben selbst und von grau, schwarz und negativ nichts mehr übrig wäre? Wie cool wäre das denn? In Ihr Leben ziehen

Glück, Zufriedenheit und Dankbarkeit ein. Sie ertappen sich regelmäßig mit einem Lächeln im Gesicht. Lebensfreude, Motivation und Energie sind die Antriebsmotoren für ihre Zukunft.

Na? Bekommen Sie Lust auf IHREN ganz persönlichen guten Selbstwert?

Dann möchte ich Ihnen hier als erstes ein Dankbarkeitstagebuch wärmstens ans Herz legen. Sie fragen sich jetzt, was Dankbarkeit mit Selbstwert zu tun hat? Oh, eine ganze Menge. Dankbare Menschen sind mit sich und der Welt zufriedener. Sie sind glücklicher, gelassener, wertschätzender und schauen positiver in ihre eigene Zukunft. Das bedeutet im Umkehrschluss: weniger Zweifel, weniger Ängste und weniger negative Gedanken.

Anleitung für ein Dankbarkeitstagebuch

Nehmen Sie ein Heft oder ein Tagebuch, irgendein Schulheft oder auch eine ganz besonders schöne Kladde, vielleicht ein selbst gestaltetes Heft. Es soll und darf Ihnen Lust machen, dort täglich etwas hinein zu schreiben.

Nehmen Sie sich am besten am Abend 2 – 3 Minuten Zeit. Mehr braucht es tatsächlich nicht. Der Abend ist dafür eine gute Zeit. Sie können bewusst auf den Tag zurückschauen. Ihr Bewusstsein und auch Ihr Unterbewusstsein werden nach dieser kleinen, aber effektiven Übung besser gestimmt sein.

Und nun beantworten Sie sich selbst täglich die drei folgenden Fragen:

- Was war HEUTE besonders schön?
- Was habe ich HEUTE gut gemacht?
- Wofür bin ich HEUTE dankbar?

Ich wünsche Ihnen von Herzen dabei viel Freude – und einen stetig wachsenden Selbstwert!

Ina Ueberschär

Sabrina Stelly

Betriebswirtin und Expertin für eine bessere Mitarbeiterführung

T: +49 1577 1983689
HP: https://www.sabrinastelly.com

Sabrina Stelly

Wir brauchen ein neues Verständnis von Führung

Sind Sie bereit für eine persönliche Geschichte? Vielleicht haben Sie schon ähnliches erlebt: Ich war auf einem Geburtstag eingeladen und kannte, abgesehen von der Gastgeberin, keinen der anwesenden Gäste, da unsere gemeinsamen Freunde sich verspäteten. So gesellte ich mich zunächst zu einem Grüppchen in der Küche. Es wurde über dies und das geplaudert, von Urlaubserlebnissen berichtet und von der Familie erzählt. Dann lenkte einer das Thema auf seine aktuelle Jobsituation. Schnell kam er zum Punkt und beklagte sich über dessen in seinen Augen völlig unfähigen Chef. Das veränderte die Stimmung im Raum spürbar:

Plötzlich nimmt die Unterhaltung an Fahrt auf. Personen, die sich bei den vorangegangenen Themen schweigend im Hintergrund hielten, melden sich jetzt zu Wort. Es folgen Schilderungen über die fachliche Inkompetenz der Führungskräfte, Klagen über deren Führungsverhalten und Berichte über allgemeine Missstände in den Unternehmen. Nur ich stehe weiterhin schweigend im Türrahmen und staune. Die Geburtstagsgäste arbeiten in völlig unterschiedlichen Unternehmen, da ist der kleine Handwerksbetrieb ebenso vertreten wie ein großes Unternehmen mit Tausenden von Mitarbeitern. Hier äußern sich Menschen mit vollkommen verschiedenen Ausbildungen und beruflichen Positionen. Dennoch teilen sie ein gemeinsames Thema: Die Unzufriedenheit mit ihrer Arbeitssituation. Während ich dies für mich feststelle, folgt ein Negativbericht dem nächsten. So geht das eine Weile und ich werde sehr nachdenklich.

An sich ist mir das Thema nicht fremd, auch wenn ich nicht direkt betroffen bin, war ich viele Jahre mit einem Mann verheiratet, der genau das gleiche Problem hatte. Er war mit der Art, wie er als Mitarbeiter geführt wurde, so unzufrieden, dass sich dies so stark auf sein Privatleben und damit auf unsere

Beziehung auswirkte, dass sie schließlich der Belastung nicht mehr standhalten konnte und daran zerbrach.

Nachdem ich diese Eindrücke und Erfahrungen gesammelt habe, gleichzeitig allerdings selbst sehr gute Führung erlebt habe, entstand mein Wunsch, Führungskräften ein neues Verständnis zu geben, wie sie mit relativ geringem Aufwand für deutlich zufriedenere Mitarbeiter sorgen können. (Wenn ich den Begriff „Mitarbeiter" nutze meine ich natürlich alle Geschlechter.)

Wobei mir zufriedene Mitarbeiter noch ein zu geringes Ziel sind.

So wie sich in der Vergangenheit die Verkäufermärkte zu Käufermärkten gewandelt haben, zeigt sich ein solches Phänomen auch in den Arbeitsmärkten. Während es in meiner Studienzeit Vorhersagen gab, dass mit dem demografischen Wandel ein Fachkräftemangel kommen wird, liest man heute, dass er längst da ist und Unternehmen Stellen nicht besetzen können.

Da die Mitarbeiter nun wählen können, für welches Unternehmen sie tätig werden, sind nicht nur unzufriedene Mitarbeiter ein Problem. Ich kenne mehrere Personen im Freundeskreis, die wiederholt nach nur 1-2 Jahren Betriebszugehörigkeit die nächste Stelle angetreten haben. Nicht etwa, weil die Unternehmen sie hinauskomplimentierten, sondern weil die neue Stelle mehr Vorteile versprach als die bisherige. So wie zufriedene Kunden durchaus mal ein Produkt eines anderen Herstellers ausprobieren, nehmen sie eine neue Stelle an, obwohl sie im bisherigen Unternehmen nicht unzufrieden waren. Was hilft bei diesem Phänomen?

Wir müssen die Mitarbeiter begeistern!

Sie brauchen die innere Gewissheit, dass sich für sie ein Stellenwechsel nicht lohnt, da eine neue Stelle keine weitere Verbesserung verspricht.

Bei dieser Aussage denken viele erst einmal an Anreize wie ein hohes Gehalt oder hippe Einrichtungen wie Fitnessstudios für die Mitarbeiter und ähnliches. Und ja – wenn das Gehalt nicht stimmt und sich Mitarbeiter chronisch unterbezahlt fühlen, wird es schwer, dies mit anderen Maßnahmen auszugleichen. Eine gewisse Basis ist hier also erforderlich. Andere Anreize wie das Fitnessstudio-Beispiel sind hingegen meiner Meinung nach mehr die Spitze des Eisberges als ein unverzichtbares Kernelement.

Nehmen wir einmal mich selbst als Beispiel: Warum bin ich, anders als alle Arbeitnehmer in meinem Freundeskreis, 15 Jahre im gleichen Unternehmen geblieben? Weil ich dort nicht nur ein gutes Arbeitsklima hatte, sondern auch ein sehr gutes Verhältnis zu meiner Führungskraft und diese mir eine Stelle auf den Leib geschneidert hat, die ideal zu meinen Interessen und Stärken passte. Und da sie ganz individuell für mich kreiert wurde, gab es sie so in keinem anderen Unternehmen. Mir war klar, dass ich bei einem Wechsel des Unternehmens diese Stelle nicht wiederbekäme.

Das ist vergleichbar mit dem USP eines Produktes bzw. eines Anbieters mit Monopolstellung.

Natürlich kann man nicht jedem Mitarbeiter maßgeschneiderte Stellen anbieten – aber es ist eine der möglichen Denkrichtungen, die in Summe den Unterschied machen.

Einen weiteren Punkt habe ich schon angesprochen: Das Verhältnis zur Führungskraft und deren Führungsverhalten sind entscheidend. Und zwar meiner Meinung nach mehr als äußere Anreize wie kostenlose Mitarbeiter-Angebote. Dafür müssen Führungskräfte ein tieferes Verständnis entwickeln, welche Bedürfnisse Menschen haben und wie sie diese im Arbeitsumfeld befriedigen können. Außerdem benötigen sie Tools, um Situationen richtig einschätzen und angemessen reagieren zu können. Und darum beginnt, wer gut führen will, bei sich selbst.

Dr. Barbara Flügge

Umsetzungsexpertin für
Magische Geschäftschancen,
Business Coach, Cyber Resilience Expertin,
Speakerin, Autorin, Künstlerin,
Gründerin & CEO digital value creators
(DVC) GmbH

T: +41 79 820 2473
E: Barbara.Fluegge@dvcconsult.com
HP: https://www.barbara-fluegge.com

Dr. Barbara Flügge

Wie erfolgreich willst du sein?

Wie erfolgreich willst du sein, ist auch meine Frage, die mich zum Handeln motiviert. Denn dass ich erfolgreich sein will und noch, noch erfolgreicher, das war und ist keine Frage. Denn meine Passion ist dein Antrieb. Ich bin DoktorB und mich treibt an, dich in deinem Antrieb zu bestärken. So dass du in die Umsetzung kommst und deine Persönlichkeit zum Vorteil ausspielst, um das zu erreichen, was erreichbar ist für die Kunden, die du haben möchtest.

Wie das gelingen kann, dazu möchte ich dir heute die Geschichte von Rex erzählen. Vielleicht bildet sich schon ein Bild im Kopf. Wer könnte Rex sein? Vielleicht ist das Reginald von Rabenhorst? Reginald von Rabenhorst, das ist der bekannteste Polizeihund der Welt, von Uruguay bis Dubai. Von Japan bis Kroatien gab es die Ausstrahlung dieser TV Staffel und die Übersetzung in alle möglichen internationalen Sprachen. Aber das ist nicht der Rex, von dem ich euch erzählen möchte. Der Rex, den ich meine, wurde im Oktober 2020 von einem Familienunternehmen an die Firma Victorinox, die Erfinder des Schweizer Klappmessers, verkauft. Über Rex gibt es Gedichte. Sein Konterfei ziert eine Briefmarke. Er hat einen Platz im Museum of Modern Art. Sechzig Millionen Mal wurde der kleine, schlanke und genial einfache Küchenhelfer bereits verkauft. Rex ist schnittig, leicht und besteht aus sechs Einzelteilen. Mit sechzig Millionen Abverkäufen das meistverkaufte Produkt und das günstigste, was es im Markt an Küchenutensilien gibt. Denn Rex ist ein Spargelschäler. Das Licht der Welt erblickte er 1947, zwei Jahre nach dem Zweiten Weltkrieg. Was für ein Mut, sich auf die Produktion eines Spargelschälers zu konzentrieren. Wow! Der Rex ist vielseitig einsetzbar und es gibt tatsächlich eine Vorrichtung, um so genannte Kartoffelaugen zu entfernen. Was für eine Aufmerksamkeit im Markt dies 1947 ausgelöst hatte, wissen wir heute nicht. Was wir aber wissen, ist die unglaubliche Konzentration eines Unternehmens auf ein konkretes Produkt. Doch reicht dies, um erfolgreich zu sein?

Schauen wir uns an, was es braucht, um eine Idee in ein Produktangebot zu überführen. Hier nun die wesentlichen Schritte im Überblick für dich.

0. DEINE INNERE ÜBERZEUGUNG ... das Richtige zu tun

Schauen wir uns an, welche drei Schritte zu deinem Erfolg führen könnten. Könnten –, denn ohne den Willen, den ersten Schritt zu machen, bleibt der Wunsch auf der Autobahn und die Umsetzung dreht sich im Kreisverkehr um die eigene Achse.

Drei Schritte sind es, die den Erfolg sichtbar machen und umsetzen, den du hinter einer Produkt- oder Geschäftsidee, einer Inspiration oder Erneuerung vermutest. Sie sehen wie folgt aus.

1. START HERE

Es braucht den Willen des Wollens. Rex wurde nicht geboren, weil es den Marktbedarf erfüllen wollte, sondern weil es eine innere Überzeugung gab, das Richtige zu tun. Um den Startpunkt festzulegen, gibt es Techniken. Wesentlich ist, dass du Zeit mit deinem schlummernden Potenzial verbringst, statt Wettbewerbsanalysen und Marktbeobachtungen durchzuführen. Der Fokus auf die eigene, inhärente Kernkompetenz des Erfinders ist es, was das Rex-Produkt selbst heute – Jahrzehnte nach der Markteinführung – auszeichnet. 75 Jahre lang wurden weder Aufbau noch Funktionalität verändert. Es gab keine Upgrades, keine Zweitlinie, keine Namensänderung. Tipp: Arbeite deinen inhärenten Vorteil heraus oder wie ich es nenne: deinen Sweet Spot.

2. OPEN UP

Mit dem Startpunkt geht es in die Phase der Öffnung. Dort aktivierst du deine Sinne und Empfindungen. Du lernst Widerstände und Risiken, die sich aus deiner jetzigen und zukünftigen Position heraus ergeben, kennen und einzuordnen. Du lernst Widerstände, die du dir selbst auferlegst, kennen. Über Trend-Screening und Marktforschung, das ich zum Beispiel für Mandanten durchführe, sortierst du das Wesentliche und Relevante und löst dich vom Unwichtigen. Tipp: Wandle relevante und lohnende Widerstände zu Chancen um.

3. CREATE

Die Schaffensphase geht weiter. Wir erinnern uns: Du willst erfolgreich sein. Dazu braucht es ein überzeugendes Marktangebot – geprägt von deiner Persönlichkeit und den Stellschrauben, die es für ein griffiges und konsistentes Geschäftsmodell braucht. Dein Sweet Spot aus Phase 1 wird in Phase 3 ein Marktangebot, das bereits morgen die ersten Interessenten für sich sprechen lässt. Und in Phase 2 erarbeitest du die Leiter, die dich zu den Märkten führt.

Weshalb gelingt der 3-Phasen-Prozess? Bei DoktorB beschäftigen wir uns seit Jahren mit der Kognitionspsychologie fürs Business. Zusammen mit dem Organisations- und Digitalisierungsknowhow aus zahlreichen Projekten haben wir Triggerpunkte abgeleitet und in die Konzeptentwicklung überführt – so erhältst du zum Beispiel bereits vor dem Gang zur Marketing- und Webseitenagentur alle Informationen, die du für die Marktpositionierung benötigst. Tipp: Nutze moderne und bewährte Methoden zu deinem Vorteil.

DIE SKALIERUNG

Jeder der drei Schritte führt dich mit Schwung weiter in die Skalierung. Dein Ziel darf es sein, dass du dein Angebot nicht einem Kunden, sondern zwanzig und mehr gleichzeitig anbietest.

Fassen wir zusammen: Deine Antwort auf meine Ausgangsfrage hängt davon ab, wie sehr du an dein Produkt glaubst und du in der Lage bist, ganz konkret ein griffiges, klares, konkretes Marktangebot zu formulieren, das deine inhärenten Vorteile sichtbar macht und du damit die Kunden gewinnst, die zu dir passen.

Andreas Stocker

Experte für Online-Präsenz
TRAINER • MENTOR • SPEAKER

E: servus@andreasstocker.at
HP: https://www.andreasstocker.at

Ich arbeite in einer Branche, die mich seit 25 Jahren permanent versucht arbeitslos zu machen

Ja, wirklich – kein Scherz. Ich will euch einmal die Geschichte erzählen.

Vor etwa dreißig Jahren begeistert mich ein Begriff – das World Wide Web. Es scheint eine Welt zu sein, die für mich gemacht ist. Eine Welt, in der ich leben, ja sogar arbeiten wollte. Also begann ich, Websites zu programmieren. Erst nur für mich selbst, bald auch für meine ersten Kunden, vorwiegend Kleinbetriebe. Ich wusste, damit möchte ich mein Geld verdienen. Gedacht, getan – starte ich mein Website-Business. Die Aufträge kamen und kamen und kamen ... bis sie ausbleiben. Denn plötzlich machten sich alle ihre Websites selbst. Wie ist es dazu gekommen?

Dazu solltet ihr wissen – die Sprache, in der Websites geschrieben sind, ist HTML. Das ist eine sehr einfache, nicht zu sagen primitive Sprache. Das erkannten viele, hauptsächlich junge Leute und programmierten ebenfalls Websites. Bald kannte jeder irgendjemanden, die Websites programmieren. Und die, die niemanden kannten, nutzten von diversen Programmen wie Word & Co die HTML-Exportfunktion. Damit konnten fast alle, die ein wenig mit Grafik und Text umgehen, ihre eigene Website erstellen, oder sagen wir besser, exportieren lassen.

Expertenwissen war nicht mehr gefragt.

Für komplexere Websites reicht das Grundwissen und die Exportfunktion zum Glück nicht ganz aus. Das Geschäft wurde nicht unmöglich, aber viel schwerer. Zum Glück entwickelte sich das Internet weiter, die Technik wurde ausgereifter, die Aufträge wurden größer und die Projekte anspruchsvoller. Ohne einschlägiges Wissen in Bereichen wie HTML, CSS, Javascript, PHP oder SQL kam man nicht mehr aus. Expertenwissen ist wieder gefragt und mittlerweile kann ich auf zehn Jahre Erfahrung und Wissen zurückgreifen – das holt man zum Glück nicht so leicht auf. Das Geschäft läuft wieder und der Mitbewerb ist aufgrund der großen Nachfrage kein Problem. Wir alle leben gut von der Erstellung von Websites.

Bis zu dem Zeitpunkt, als die sogenannten Baukastensysteme den Markt eroberten. Ihr kennt sie wahrscheinlich alle – die Online-Tools, mit denen man einfach eine Vorlage auswählen und/oder die Website mit Drag-and-drop zusammenklicken kann.

Und wieder machen sich alle ihre Website selbst.

Der Bäcker, das kleine Hotel, die Friseurin und vor allem all die Coaches, die ich gerade als meine neue Zielgruppe ausgewählt habe.

Das veranlasst mich zum Nachdenken.

Meine Branche versucht mich immer wieder durch Innovationen arbeitslos zu machen, indem sie neue Tools auf den Markt bringt, mit denen man einfach und leicht Websites, Online-Shops, ja sogar ganze Online-Lernplattformen erstellen kann.

Vor etwa zehn Jahren fasste ich dann einen Entschluss – ich mache keine Websites mehr für meine Kunden. Aus, Schluss, vorbei. Ab jetzt mache ich Websites mit meinen Kunden gemeinsam.

Ich mag ja niemandem die Freude an der Umsetzung der eigenen Website nehmen. Ganz im Gegenteil. Durch die Zusammenarbeit lernen meine Kunden ihr Business noch viel besser kennen.

Wer ist meine Zielgruppe? Wie bewegt sich meine Zielgruppe auf meiner Website? Welche Tools und Technik soll ich einsetzen? Wie komme ich in Suchmaschinen nach oben? Oder wie verhält sich meine Website in Bezug auf Barrierefreiheit und DSGVO?

Diese und viele Fragen mehr beantworte ich meinen Kunden gerne als Trainer, Coach, Mentor oder Buddy, auf jeden Fall aber als Experte für den perfekten Online-Auftritt.

Damit meine Kunden zu einer Website kommen, die ihnen, aber vor allem ihren Besuchern Erfolg und Freude bereitet.

Ich liefere meinen Kunden mit, was all die Tools nicht können.

Das Expertenwissen und die Erfahrung, wie man wirklich gute Websites macht.

Dadurch hat es meine Branche bis heute nicht wirklich geschafft, mich arbeitslos zu machen.

Einen Tipp möchte ich euch am Schluss noch mitgeben.

Wenn auch ihr an eurem Webauftritt arbeiten wollt, sucht euch ebenfalls einen Experten oder eine Expertin, die mit euch gemeinsam an eurer Website arbeiten.

Damit auch eure Besucher Erfolg und Freude auf eurer Website haben.

© Fotograf: Dominik Pfau

Brigitte Huppertz

Speakerin, Autorin, Kommunikationstrainerin, Coach für Gesundheit und Persönlichkeitsentwicklung

E: mail@brigitte-huppertz.de
HP: https://www.brigitte-huppertz.de

Ein unbedachter Satz und plötzlich ist die Stimmung im Raum explosiv

Eine Alltagssituation, schon tausendmal erlebt, und doch jedes Mal wieder überraschend, was plötzlich durch einen unbedacht daher gesprochenen Satz passieren kann.

Die Emotionen kochen von einem Moment zum anderen hoch. Die eine Person ist vollkommen in ihren Emotionen gefangen, die andere Person steht hilflos daneben und weiß gar nicht, was sie Schlimmes gesagt oder getan hat. Die Emotionen sind raus und lassen sich nicht mehr einfangen. Vielleicht entsteht ein Streit. Worte fallen, die das Vertrauen zerstören. Es führt zu Traurigkeit, zu Unverständnis und zum Rückzug. Bis dahin, dass das Wort „Trennung" in der Luft schweben kann.

Ich nehme euch mit in meine Vergangenheit. Als damals Dreißigjährige wohnte ich in einer Dachgeschosswohnung in einem schönen alten bergischen Fachwerkhaus. Es ist eine Nacht im Sommer des Jahres 1996. Wie jede Nacht, so gehe ich auch in dieser Nacht ins Bett und schlafe tief und fest. Heute ist etwas anders. Es klingelt an der Haustür. Ich schrecke hoch. Langsam kommen die Lebensgeister, ich schaue auf die Uhr. Es ist weit nach Mitternacht. Wer mag so spät noch klingeln? Verwirrt, müde und neugierig gehe ich zum Fenster, schaue hinunter und erschrecke. Meine Mutter steht dort. Ist etwas passiert? Schnell laufe ich zur Wohnungstür, drücke auf den Türsummer und lausche, wann sie endlich die Treppe hoch kommt. Ich rufe ihr entgegen: „Mutti, was ist passiert, warum kommst du mitten in der …?"

Doch ich verstumme mitten im Satz. Ich sehe, wie meine Mutter sich die Treppe hochzieht, wie ein Häufchen Elend. Ich frage, was los ist. Doch sie winkt ab. Sie will nicht reden. Ich hole sie in die Wohnung und führe sie zum Sofa im Wohnzimmer. Sie setzt sich und ihr Blick ist trostlos und leer.

Während das Teewasser kocht, nutze ich die Zeit in der Küche zum Nachdenken.

Mit dem Tee und meinen sortierten Gedanken gehe ich zurück ins Wohnzimmer, setze mich ihr gegenüber hin und warte ab. Es dauert gar nicht lange, da laufen bei meiner Mutter die ersten Tränen. Wobei es eher scheint, als ob ein Damm gebrochen ist. Die Tränen strömen ihr nur so über das Gesicht. Und dann – ich verstehe es kaum – kommen ganz leise Worte aus ihr heraus. Ich weiß gar nicht, ob sie für mich bestimmt sind, da sie so leise sind.

Doch da erschrecke ich. Habe ich richtig gehört? Spricht sie von „Schlägen"? Sollte mein Vater sie geschlagen haben. Erschrocken schaue ich meine Mutter an. Meine Augen gleiten suchend über ihren Körper. Meine Mutter merkt meinen erstaunten Blick und beschwichtigt mich sofort. „Nein, nein, er hat mich nicht geschlagen", sagt sie. „Ich habe keine Verletzungen auf der Haut".

Und dann legt sie ihre Hand aufs Herz. „Hier! Hier sind meine Narben!"

Und mit einem Mal begreife ich:
Worte.
Worte, die verletzen.
Worte, wie Schläge.
Die Seele ist die Leidtragende. Sie schluckt alles, aber keiner sieht diese Narben.

Ich durfte bei den klärenden Gesprächen zwischen meinen Eltern moderierend dabei sein. Mein größtes Learning in dieser Zeit: Wir sprechen alle unsere eigene Sprache. Dadurch können wir einander nicht wirklich verstehen. Ich sehe jetzt die Fragezeichen in deinen Augen. Vermutlich denkst du, was schreibt sie da? Wir sprechen doch alle Deutsch. Ja, das ist richtig. Doch meinen wir mit dem Gebrauch von gleichen Worten auch wirklich dasselbe?

Durch die Gespräche mit meinen Eltern erkannte ich, wie Missverständnisse entstehen. Es waren nicht die Worte meines Vaters. Das eigentliche Problem sind die Filter, die im Laufe unseres Lebens entstanden sind. Prägungen und Erfahrungen aus unserem gesamten Leben, Glaubenssätze, Emotionen all das beeinflusst unser Denken, Hören und Sprechen. Jeder Satz, den wir hören, geht zuerst einmal durch diese Filter, bis sie an unser Gehirn kommen. Damit hören wir gar nicht das wirklich Gesagte. Wir gleichen es sofort ab mit unseren Erfahrungen. Was könnte damit gemeint sein? Wir interpretieren sofort.

Das Reden ist nicht weniger kompliziert. Es gibt immer ein „um zu" – eine Absicht, warum wir etwas sagen und wie wir es sagen. Wir reden, um etwas zu erreichen. Vielleicht geht es nur um Smalltalk. Es kann aber auch sein, dass wir jemanden zur Rede stellen wollen, jemanden aufmuntern oder fördern möchten. Möglicherweise geht es darum, seine Ideen und seine Meinung durchzusetzen, Aufgaben zu delegieren oder einfach nur, um zu flirten.

Jede Absicht zeigt sich in der Wortwahl, gleichzeitig aber auch auf allen anderen Ebenen der Kommunikation. Unsere Körperhaltung, Gestik, Mimik, die Lautstärke, mit der wir sprechen, und die Intention. Alles schwingt mit, um unsere eigentliche Absicht zu unterstreichen.

Mit den richtigen Lernschritte können wir frühzeitig Missverständnis-Fallen erkennen und bewusst gegensteuern. Die Erkenntnis und die Akzeptanz, dass unsere Vergangenheit immer ein Teil unserer Kommunikation ist, sind die ersten Schritte zur Veränderung. Als Kommunikationstrainerin stelle ich immer wieder fest, was es für Menschen bedeutet, wenn sie lernen, bewusst aus diesem emotionalen Gefangensein herauszutreten. Da ist dann plötzlich eine Freiheit, selber zu entscheiden, wie ich reagieren will. Ein Weitblick entsteht. Und ich nehme mein Gegenüber ganz anders wahr. Und letztendlich setzt das reflektierende Denken wieder ein, so dass ich Entscheidungen treffen kann.

Dr. Anna Hörath

Expertin in Psychologie des Mythos | Hypnose | Transformation | psychologische Beraterin | Persönlichkeitsentwicklung | Autorin | Keynote-Speakerin | Wissenschaftlerin

T: +49 (0)160 8319362
E: info@annahoerath.com
HP: https://www.annahoerath.com

Dr. Anna Hörath

Das Mindset der Gewinner: Krieg und Liebe auf dem Olymp von Zeus

„Krieg und Liebe" … Ja, ihr habt richtig gehört … Nicht das gewöhnliche „Krieg und Frieden", sondern „Krieg und Liebe" …

Auf dem Olymp von Zeus in der antiken griechischen Mythologie läuft das Hollywoodkino der Superlative: das Hollywoodkino über die Verbindung zwischen Krieg und Liebe, über DAS olympische Liebespaar: den Kriegsgott Ares und die Liebesgöttin Aphrodite. Aus dieser einmaligen Verbindung zwischen Krieg und Liebe sind mehrere Kinder entstanden: Deimos (Schrecken), Gott des Grauens, Phobos (Angst), Gott der Furcht, Eros, Gott der Liebe, Harmonia, die Göttin der Eintracht, die symbolisch für einen Ausgleich ihrer beiden Eltern steht.

Der tiefe Sinn dieser Verbindung und der tiefe Sinn der Kinder aus dieser Verbindung öffnet sich für mich immer mehr seit dem 24. Februar 2022, als mein Heimatland Ukraine zum ersten Mal bombardiert wurde. Am 24. Februar hat der Kriegsgott Ares brutal zugeschlagen und ich spürte im ganzen Körper die Wirkung seiner Söhne: Deimos (Schrecken) und Phobos (Angst). Ich lag wie gelähmt im Bett voller Schrecken und Angst, als ich auf meine Schwester wartete, die unter Beschuss durch die Wälder zu mir floh und ich war hysterisch erschrocken, als ich, selber Tschernobylkind, erfuhr, dass Tschernobyl angegriffen wurde. Ich war voller Angst, als meine Eltern bei minus 15 Grad im Zug flohen und dabei fast erfroren wären.

Gelähmt durch Angst und Schrecken war ich, als meine blinde Tante sich zehn Tage lang im besetzten Gebiet in der Nähe von Butscha im Keller verstecken musste und mit Glück fliehen konnte. Deimos-Schrecken und Phobos-Angst haben mich gepackt, als ich erfuhr, dass die Straußenfarm meines besten Kindesfreundes in der Nähe von Butscha mit hunderten exotischen Tieren, Straußen, Schafen, Kühen binnen weniger Tage dem Erdboden gleich gemacht wurde ... Ein reines barbarisches Blutbad. Und dann gingen die grausamsten und schrecklichsten Bilder aus Butscha mit den Straßen voller Leichen um die Welt und ich war innerlich tot, als ich diese Bilder sah, denn ... ich kannte diese Straßen: Noch vor drei Jahren war ich dort gewesen und durch diese Straßen gefahren.

Und auch jetzt verschwindet der Boden unter meinen Füßen, wenn ich die Bilder der Teilmobilmachung sehe, deren klare Botschaft lautet: neue Verwundete, neue Vergewaltigte, neue Tote. Die Botschaft dieses antiken Mythos ist für mich kristallklar geworden: In der griechischen Mythologie waren Deimos (Schrecken) und Phobos (Angst) stets treue Begleiter ihres Vaters Ares auf dem Schlachtfeld. Und sie sind bei keinem Krieg wegzudenken: Wir alle spüren sie: Sie begleiten die Opfer und sie begleiten den Rest der Welt, der in Schrecken und Angst versetzt wird.

Doch der antike Mythos über die Verbindung zwischen Ares und Aphrodite und ihren Kindern lehrt uns: Je „leidenschaftlicher" und brutaler der Kriegsgott Ares wird, umso mächtiger wird seine größte Liebe – die Liebesgöttin Aphrodite und umso bedeutender werden auch ihre anderen Kinder: Eros und Harmonia. Der antike Mythos lehrt: Liebe und Harmonie gehen die Bindung mit Krieg und Brutalität ein. Denn im Krieg öffnen sich die Welt und das Herz für Liebe und Wärme und streben nach Harmonia.

Ich selber habe auch diese tiefste Botschaft des Mythos erst hier und jetzt verstanden ... Und seine Tiefe erlebe ich jedes Mal, wenn ich mit den Frauen rede, deren Ehemänner und Söhne an der Frontlinie sind. Dieser unglaubliche Mythos verbildlicht die Verbindung solch unglaublicher Gegensätze. In den grausamen Tagen des Krieges sind die Männer in den Kriegsgebieten sowie die Frauen, die auf sie warten, stets von Deimos, dem Gott des Grauens, und Phobos, dem Gott der Furcht, „begleitet". Doch sie stehen die Schreckenstage des Krieges mit der Liebe der Liebesgöttin Aphrodite und ihres Sohnes Eros durch, mit dem einzigen Wunsch, zu Harmonia, zur Göttin der Eintracht, zurückzukehren.

Dr. Anna Hörath

Mein Name ist Anna Hörath. Zu meinem Herzensthema – Mythos und das antike Theater und ihre Einflüsse auf das Werk von Anton Čechov habe ich promoviert und bin Autorin des Coachingprogramms „Der Olymp von Zeus. Das Mindset. Die Quantenwelt" und die Autorin des Buches „Erkenne Dich selbst. Über Selbsterkenntnis zum Erfolg. Die olympischen Götter in Deinem Alltag".

Aktuell wirke ich in einem EU-Projekt mit, das u.a. die geflüchteten Frauen aus Afghanistan, Syrien, Bosnien und der Ukraine unterstützt. Ich arbeite eng mit den Berliner Behörden, den Migrations- und Gleichstellungsbeauftragen zusammen. Privat unterstütze ich humanitäre Transporte u.a. nach Butscha, organisiert und geführt durch ein unglaubliches Ehepaar Anastasiia und Paweł Hałupka.

Als Mindset-Coach und psychologische Beraterin versuche ich den Menschen zu helfen, in jeder Situation in die olympische Energie der Gewinner zu kommen und das Mindset des Olymp für sich zu nutzen. Das Konzept des Olymp von Zeus lebt jeder von uns unbewusst im alltäglichen Leben und spätestens bewusst während der Olympischen Spiele, bei denen wir alle zu den Siegern des Olymp werden wollen. Und Zeus, der Hauptgott unter den olympischen Göttern, wusste, wie man zum Olympioniken wird und ließ seinen Sohn, den Sonnengott Apollon, den höchsten Appell „Erkenne dich selbst!" an jeden von uns überliefern. Auf diesen Appell hin sollte der antike Philosoph Sokrates geantwortet haben: „Erkenne dich selbst, dann weißt du alles" und begründete damit das Prinzip der Selbsterkenntnis.

Mit dem Konzept des Olymp von Zeus, einem der mächtigsten Werkzeuge im Coaching überhaupt, kannst du die allerwichtigste Frage nach deinem „Wer bin ich wirklich?" und deinem „Warum?" beantworten.

Überträgst du bewusst das Mindset des Olymp von Zeus in dein Alltagsleben, schaffst du eine Neuorientierung, in der du nicht nur einen olympisch erfolgreichen, sondern einen olympisch wertvollen Menschen bewusst leben wirst.

Agnes Schütz

Ärztin | Psychotherapeutin | Epigenetikexpertin | Gründerin des EPIGENETIK-INSTITUTS BERLIN

E: info@epigenetikberlin.de
HP: https://www.epigenetikberlin.de

Agnes Schütz

Epigenetik: Vom Opfer der Krankheit zum Schöpfer der Gesundheit

Wenn du für dein Thema brennst, dich für andere und die Welt verantwortlich fühlst, ALLES gibst, bleibt einer oft auf der Strecke: Das bist DU.

Es fängt unmerklich an, das Privatleben wird blasser, du stellst keine Fragen mehr, funktionierst nur noch. Allerdings funktionierst du so gut, dass niemand merkt, wie es dir wirklich geht. Du bist Arzt, Unternehmer, Führungsperson, du setzt dich für andere ein und trägst immer die volle Verantwortung, obwohl sie an deinen eigenen Kräften zehrt.

Du gewöhnst dich daran. Und solange du keinen Ausweg siehst, bleibt es dabei. Du lernst, auf dem schmalen Steg über den Sümpfen zu balancieren, weißt aber ganz genau: Etliche kommen dabei um.

Vor wenigen Jahren stand ich an dem Punkt, an dem nichts mehr ging. Meine Privatärztliche Praxis für Psychotherapie stand still. Ich lief von einem Arzt zum andern, sammelte Diagnosen und Therapievorschläge, nichts half, kein einziges Heilversprechen weit und breit. Damals habe ich die EPIGENETIK entdeckt, studiert und alles ausprobiert. Ich habe gelernt, wie ich SELBST meine Energie anheben und stabil halten kann, wie ich meine Schmerzen bekämpfen und mein Immunsystem ins Gleichgewicht bringen kann. Dank der Epigenetik habe ich neue Perspektiven in meinem Leben gefunden.

Weder meine 25 Jahre Berufserfahrung als Ärztin und Psychotherapeutin, noch meine langjährige Meditationserfahrung haben mich davor bewahrt, mitten im Leben schwer krank zu werden. Epigenetische Forschung erklärt, dass wir Einfluss auf unsere Gesundheit und unser Wohlbefinden haben.

Mit ALLEM, was wir in unserem Leben tun, was wir denken, essen, wie wir schlafen, uns bewegen, welche Beziehungen wir pflegen uvm. beeinflussen wir die Aktivität unsere Gene, in denen unser volles Potenzial für ein gesundes und glückliches Leben gespeichert ist.

Die unveränderbaren, kodierenden Gene stellen eine Art Partitur dar, darin ein wundervolles Musikstück geschrieben steht. Ob wir diese Musik in ihrer vollen Schönheit zu hören bekommen, hängt einzig und allein vom Orchester und vom Dirigenten ab. Wenn der Dirigent die Partitur lesen und dirigieren kann, das Orchester mit gepflegten Instrumenten ausgestattet ist und gut zusammenspielen kann, dann hat das Stück die Chance, in voller Schönheit zu erklingen.

Der Dirigent – das ist unser Verstand. Ohne ihn sind wir verloren. Wenn es um unserer Gesundheit geht, bewegen wir uns seit Generationen in einem hypnotischen Zustand von Unwissenheit und Manipulation aller Art, Werbung und Kommerz. Von Gesundheitsbildung keine Spur. Bereits vor der Geburt werden wir über die Nabelschnur mit hunderten von chemischen, hormonwirksamen Schadstoffen konfrontiert. Die Nahrung ist nicht auf unsere wirklichen, genetisch verankerten Bedürfnisse abgestimmt. Die Umweltbelastung, der permanente Druck und Stress kommen dazu und treiben unser Immunsystem aus dem Gleichgewicht. Das sind die Störfaktoren, die uns an der Entfaltung der Gesundheit hindern. Der Dirigent hat die Partitur vergessen. Er kommt nicht zu den Proben (hypnotischer Zustand), das Orchester hat völlig verstimmte Instrumente (Mangel an Nährstoffen), die Noten fehlen (grundsätzliche Unwissenheit über die Zusammenhänge) …

Hier spanne ich den Bogen zu meiner früheren Arbeit. Als Ärztin im Krankenhaus war ich für den Körper zuständig. Als niedergelassene Psychotherapeutin sah ich zwar den Körper und erahnte viele Zusammenhänge, war aber für die Psyche zuständig und hatte einen von den Leitlinien festgesetzten Rahmen, in dem Psychotherapie stattzufinden hat. Ich hatte so oft Patienten weinen hören: „Der Arzt sagt, ich habe nichts!" Worauf ich ihnen die Antwort gab: „Der Arzt meint, dass er in seiner Untersuchung nichts gefunden hat, was durch seine Untersuchung gefunden werden könnte." Das sagte der Arzt eben leider nicht und gab den Menschen das Gefühl, zu simulieren.

Spätestens seit der Veröffentlichung der Ergebnisse der epigenetischen Forschung können alle, sich darüber informieren, wie eng sämtliche Bereiche unseres Lebens miteinander verknüpft sind. Es geht viel weiter als der Zusammenhang, der aus der Psychosomatik bekannt ist. Ein einzelner Gedanke kann innerhalb kürzester Zeit unseren gesamten Stoffwechsel verändern. Ein Mangel an maritimen Omega-3-Fettsäuren kann Stimmungstief und Demenzsymptome beeinflussen. Ein stabiler Glukosestoffwechsel stabilisiert emotionale Gesundheit. Die Zusammensetzung der Mahlzeiten kann Wunder bewirken.

Wir dürfen unsere Gesundheit nicht dem Zufall überlassen. In dem Bereich gibt es keine Zufälle. Entweder steuern wir es selbst zu unserem Wohl oder wir überlassen es anderen, mit den katastrophalen Ergebnissen, die überall sichtbar sind.

Ich bin in meiner Arbeit einem holistischen Anspruch verpflichtet. Werden nämlich Lebensbereiche übersehen, dann können keine nachhaltigen Ergebnisse erwartet werden. Das eigene Gleichgewicht sieht bei jedem Menschen anders aus, besteht allerdings immer aus den gleichen Komponenten: Körper, Emotionen, Gedanken, Glaubenssätze, Beziehungen, sinnstiftende Arbeit. Um diesen Anspruch umzusetzen, habe ich das EPIGENETIK-INSTITUT BERLIN gegründet, in dem Coaching exakt nach diesem Prinzip stattfindet. Das ist meine sinnstiftende Arbeit, Hobby und Erfüllung zugleich.

Christian Lehr

Keynote-Speaker, Autor, Führungskraft, Projekt-Manager, Ausbilder

T: +49 160 948 593 91
E: info@christianlehr.eu
HP: https://www.christianlehr.eu

Ziele!?

Die Frage, die sich mir stellt, ist: „Braucht man Ziele?"
Eine weitere gute Frage ist: „Was sind Ziele überhaupt?" oder auch „Was sind eigentlich Ziele für dich?"

Grundlegend ist schon das morgendliche Aufstehen ein Ziel. Entweder ein erzwungenes durch einen Wecker, ein Ziel mit Termin. Oder aber das Ausschlafen ohne festgelegten Zeitpunkt. Aber auch hier wurde sich ja ein Ziel gesetzt und dafür auch Zeit eingeplant!

Für mich sind Ziele, Träume und Wünsche sehr wichtig.

Denn ohne diese wäre ich nicht der, der ich heute bin und hätte auch nicht alles so erreicht, wie es ist. Wie ich dazu gekommen bin, den Zielen, Träumen und Wünschen soviel Aufmerksamkeit zu schenken, kann ich im Detail nicht sagen. Aber natürlich spielt das Umfeld eine große Rolle, sowie das Leseverhalten, Musik, die man hört, und welche Serien und Filme man schaut.

Ein prägendes Erlebnis für mich war der Tod unseres Nachbarn in meinen Kindertagen. Dieser Nachbar hatte sich so einiges vorgenommen, wenn er sein Ziel, die Rente erreicht haben würde. Der Tag der Rente war gekommen. Er hatte begonnen, sich in seinem Rentenalltag mit Freude einzuleben. Leider ist er nach einem Jahr des Renteneintritts gestorben.

Ein weiteres prägendes Erlebnis war die Krankheit MS, die bei meiner Mutter festgestellt wurde. Die Krankheit ist zwar erst mit Mitte vierzig bei ihr ausgebrochen, aber dennoch hat dies die Ziele und Wünsche meiner Eltern zerstört, da einige dieser Ziele auf die Rentenzeit gelegt wurden.

Ebenso gibt es eine Vielzahl von Büchern, Filmen und Serien, die mich zur Selbstreflektion der Wichtigkeit von Zielen animiert haben. An Wünschen,

Träumen und Zielen mangelt es mir nicht. Einer meiner großen Wünsche und Ziele waren und sind Familie mit Kindern und ein eigenen Haus. Natürlich ein Klassiker. Dieser Klassiker bedeutet aber dennoch in jeder Weise Planung, Kompromisse und viel Arbeit. Dies unterschätzt der eine oder andere auch.

Mein wichtigster Traum und Wunsch ist natürlich die Familie. Ich hatte die Möglichkeit, meiner Daniela die Hand fürs Leben zu reichen, die sie auch zu meiner Freude genommen hat. Und zu unserem Glück ist uns auch der Wunsch nach Kindern erfüllt worden. Ja, man kann nicht alles planen.

Aber wenn man sich Ziele setzt mit Terminen, ergeben sich auch Möglichkeiten und auch passende Umstände. Ich möchte hier jetzt mit Sicherheit nicht anmaßend sein. Aber dennoch kann man sagen, dass man vor dem dreißigsten Lebensjahr etwas leichter schwanger wird als danach. Dies war mein Ziel, worüber ich klar gesprochen habe, und es ist dann auch genau so gekommen.

So waren wir zu viert, bevor wir den dreißigsten Geburtstag gefeiert haben. Da wir vier als Team unschlagbar sind, konnten wir uns nach einigen Jahren, einem großen Arbeitseinsatz und unserem schlauen Wirtschaften mit dem Geld unserem nächsten großen Ziel widmen, dem eigenen Haus. Wir hatten uns bewusst dazu entschieden, ein altes Haus zu kaufen. Ja, es hat Nachteile, aber dennoch auch viele Vorteile, besonders wenn man Handwerker ist, wie ich.

Beim Start der Renovierung, waren unsere Kinder elf und neun Jahre alt. Für die Kinder war es im ersten Moment natürlich schwer einzuschätzen, wie lange so eine Renovierung dauert. Und natürlich vergeht jedem mit der Zeit die Lust. Da uns aber allen das Ziel klar war, bei dem wir alle ankommen wollten, haben wir uns alle gegenseitig motiviert, auch wenn die Lust gerade mal Pause gemacht hat. Um ehrlich zu sein, in den ersten sechs bis acht Monaten hat meine Lust schon Pause gemacht, da wir monatelang nur Abbruch und Vorbereitungsarbeiten durchgeführt haben. Plus das Alltagsgeschäft eines Selbständigen mit Mitarbeitern, was die Situation leider nicht erleichtert, sondern leider noch eher erschwert hat. Das ist aber noch ein ganz anderes spannendes Thema in Richtung Mitarbeiterführung.

Nach zwei Jahren Renovierung war das Ziel des Einzugs zum Greifen nahe, aber dennoch haben wir die drei Jahre voll gemacht, bis wir die erste Nacht in unserem eigenen Haus verbracht haben. Wir haben durchgehalten und haben die Ziele, die wir uns gesetzt haben, auch eingehalten.

Ja, das große Ziel war das Haus. Dennoch haben wir uns kleine Zwischenziele gesetzt, bevor wir das große bezogen haben.

Diese kleinen Ziele waren z.B. dass die Sockelleisten in jedem Raum montiert sind. Dass alle Räume fertig gestrichen sind. Selbst der Keller und der Dachboden wurden ordentlich fertiggestellt.

Ja, die Fragen kamen während den Arbeiten auf, dass man das eine oder andere auch später machen könnte. Da wir aber die kleinen Ziele mit einer Erklärung festgelegt hatten, waren diese Überlegungen auch immer wieder schnell vom Tisch.

Mit diesen Erfahrungen kann ich nur bestätigen, wie wichtig es ist, sich Ziele zu setzen. Ob große oder kleine Ziele ist dabei eher zweitrangig

Jetzt kommst du bestimmt auch ins Nachdenken, wenn du von unserm Abenteuer, der Hausrenovierung liest. Und du wirst dich sicherlich fragen, wo hier der Spaß, die Freizeit und die Entspannung bleibt. Dies geht auch nicht vergessen, wenn man Wünsche, Träume und Ziele hat. Und wenn man alles mit Spaß und Freude macht, braucht man weniger Entspannung.

Mein Appell an dich: Träume jeden Tag. Wünsche dir, was das Zeug hält und setze dir mit dem, was dir am Wichtigsten ist, Ziele mit Termin. Auch wenn der Termin nicht eingehalten wird, halte dein Ziel im Blick.

Und nicht vergessen, teile deine Ziele auf die Lebenszeit auf und nicht alles auf die Rentenzeit!

© Fotograf: Dominik Pfau

Ralf Beutel

Unternehmer (Ralf Beutel Ortungstechnik GmbH): Marktführer im Bereich Schadenerstservices bei Feuchte- und Leitungswasserschäden

HP: https://www.ralfbeutel.de
HP: https://www.detecpro.de
HP: https://www.dream-tuning.com

„Wenn du es träumen kannst, dann kannst du es auch erschaffen" (Walt Disney)

Mein Name ist Ralf Beutel. Ich bin Unternehmer. Seit inzwischen 27 Jahren führe ich ein mittelgroßes und stetig wachsendes Unternehmen im Bereich Schadenmanagement und Ortungstechnik bei Feuchte- und Leitungswasserschäden.

Unser inoffizielles Firmenmotto lautet: „Wir machen das Unmögliche (immer öfter) möglich!"

Seit einigen Jahren lässt mich eine Idee nicht mehr los, von der ich hier berichten möchte. Dazu vorab ein paar Fragen an dich als Leser:

- Hast du ein Unternehmen oder willst schon immer eines gründen?
- Hast du einen Traum für dein Unternehmen oder geht das noch besser?
- Hast du bereits einen Traum, dem du nacheiferst, der dich jeden Tag motiviert aus dem Bett hüpfen lässt?

Wenn ich jetzt dein Interesse geweckt habe, dann lies gerne weiter!

Viele von uns kennen das berühmte Zitat von Walt Disney: „Wenn du es träumen kannst, dann kannst du es auch erschaffen". Was daraus geworden ist, das können wir jeden Tag bestaunen. Ein Weltkonzern, der Träume erschafft. Die Disney-Freizeitparks haben jede Dimension des zur damaligen Zeit Denkbaren gesprengt. Übrigens: Walt Disney hat die Eröffnung der von ihm erträumten Freizeitparks selbst gar nicht mehr erlebt. Wie man erzählt, wurde er von hunderten Banken abgelehnt, denen er das Projekt vorgestellt hatte – bis er dann nach Jahren eine fand, die bereit war, den Weg mit ihm zu gehen. Das zeigt, welche Macht ein Traum haben kann. Auch über unser eigenes Leben hinaus. Was hat das nun mit dir und mir zu tun? Dazu kurz zu meiner Geschichte. Im Jahre 1996 begann mein „unternehmerischer Anfall". Mir war schon immer bewusst, dass ich mal Unternehmer werden will, da zwei meiner Geschwister ebenfalls diesen Weg eingeschlagen haben. Damals kündigte ich meinen sicheren und gutdotierten Job als technischer Leiter bei einem Mittelständler. Aufgrund einer Idee, die mir auf Anhieb gefiel, setzte ich alles auf eine Karte und ging in die Selbständigkeit. Das war etwa zwei Jahre nach meinem Ingenieursstudium. Damals noch wirklicher Selbstständiger, habe ich dann als Einzelkämpfer begonnen. Ich war zuständig für jeden Handgriff im Unternehmen. Dass da ein Unterschied vom Selbstständigen zum Unternehmer besteht, konnte ich mir damals gar nicht vorstellen.

Als Ingenieur lernt man so etwas ja gar nicht. Da zählt nur ZDF – Zahlen, Daten, Fakten. Ich habe dann auch einfach so darauf zu „gewurschtelt", wie man im Schwäbischen so sagt. Zu Beginn hatte ich noch keine großen Ziele oder gar Visionen. Träume, was sind Träume? – das Wort kennt man ja gar nicht als Ingenieur. Trotz allem habe ich mir immer etwas vorgenommen, was ich erreichen wollte, ohne das Vision oder gar Traum zu nennen. Über die Jahre durfte ich dann feststellen, dass ich immer viel mehr erreicht habe, als ich mir vorher vorstellen konnte. Alles wurde größer und besser als erwartet.

Vor einigen Jahren durfte ich dann ein Managementseminar besuchen. In einer Pause stand ich mit einigen Unternehmern und sonstigen interessanten Leuten zusammen. Jeder hat seine Geschichte erzählt und seine Ideen und Pläne zum Besten gegeben. Dabei haben wir uns gegenseitig immer höher gepusht. Nach dem Motto: „Mensch, das geht doch noch viel größer und besser." In dem Moment spürten wir alle, dass unsere individuellen Grenzen des Denkens gesprengt wurden – für mich war es magisch.

Wir hatten nicht nur viel Spaß dabei – wir wuchsen förmlich über uns hinaus. Da entwickelten wir mit einer Frau den Traum eines weltumspannenden Coachingbusinesses. Mit einem Manager mit Fußballaffinität entwickelten wir den Traum, dass er bald in einem Büro im obersten Stockwerk eines

Wolkenkratzers mit eigenem Pool sein eigenes Unternehmen führt. Er darf dann die deutsche Fußballnationalmannschaft empfangen, die ihn um Rat fragt, wie sie nochmals Fußballweltmeister werden kann (damals waren wir gerade Weltmeister geworden).

Die Sache hat mir so viel Freude bereitet und ließ mir dann keine Ruhe mehr. Am Abend im Hotel kam mir dann die Idee: **Warum tunen wir eigentlich unsere Autos und bei unseren Träumen machen wir das nicht?** Dann kam mir dann auch sofort der Name in den Sinn:

„DreamTuning"

In der gleichen Nacht habe ich mir dann einige Websites wie dreamtuning.com und pimpyourdream.com gesichert und eine Mindmap begonnen, um die Idee festzuhalten.

Seither schlummert sie in mir. Immer wieder komme ich in die Situation, dass ich mit Gründern oder Gründerinnen ins Gespräch komme. Wir versuchen dann gemeinsam, deren Träume größer zu machen. Etwas darüber hinaus aus dieser Idee zu machen, das hab ich noch nicht angegangen.

Eines Tages habe ich die Einladung erhalten, auf dem Speaker Slam in Mastershausen aufzutreten. Da sagte ich mir: „Das ist doch die Gelegenheit, vom DreamTuning zu erzählen!" Ob ich da nun etwas Größeres oder gar ein eigenes Business daraus entstehen lasse oder ich es einfach bei dieser Botschaft belasse, weiß ich noch nicht. Vielleicht hat jemand einen eigenen Traum, den er damit verwirklichen möchte. Ein Fakt für mich ist, dass die Welt heute mehr denn je Träume und Zuversicht braucht, statt einer Endzeitstimmung. Die Chancen waren nie größer als heute.

Egal, was passiert, ich möchte euch allen folgenden Aufruf mitgeben:

Lasst uns unsere Träume tunen statt unsere Autos!

P.S.: Übrigens – Träumen kostet nichts! Wo gibt es so was heute noch?

Barbara Brunner Cozzolino

Dipl. Coach, Resilienztrainerin,
Dozentin und Speakerin

T: +41 76 559 31 01
E: kontakt@barbarabrunnercoaching.ch
HP: https://barbarabrunnercoaching.ch

Resilienz als Strategie: Heisst, lerne dich zu biegen, ohne zu brechen!

Kennst du die eine oder andere Situation aus deinem Alltag? Job-Verlust, unsichere Arbeitsplätze, Konkurrenz- und Leistungsdruck im Team, Angst vor Veränderungen und vor der Zukunft, Orientierungslosigkeit, immerwährender Druck und Stress? Warum gelingt es manchen Menschen scheinbar spielend, mit solchen Krisen, Herausforderungen und Anforderungen konstruktiv umzugehen, ja sogar daran zu wachsen? Warum anderen nicht oder nur schlecht? Eine Erklärung für die Widerstandsfähigkeit liefert das Konzept der Resilienz. Und die gute Nachricht dazu: Resilienz kann trainiert werden.

Als Resilienztrainerin, Coach, Unternehmensberaterin und Speakerin nehme ich dich und dein Team gerne an die Hand.

In Krisen sich biegen zu können, ohne zu brechen, ist lernbar.

„In Krisen sich biegen zu können, ohne zu brechen" – ist das lernbar? Kannst du das lernen? Kann ich das lernen? Können das Unternehmen lernen? Ja, es ist möglich. Und ja es gibt Krisen, die sind schwer zu händeln. Und ja auch ich hatte echte Krisen, und ich habe auch mal Krisen geschoben, die nicht als solche zu bezeichnen sind.

Mein Name ist Barbara Brunner, ich bin Coach, Resilienztrainerin und Unternehmensberaterin auf eine andere Art und Weise.

Was passiert oft, wenn man in einer Krise steckt? Man steckt den Kopf in den Sand. Und wenn der Kopf dann so tief im Sand steckt, dann hat man Sand in den Augen, in der Nase, im Mund – ja Sand im Getriebe. Und wenn man Sand im Getriebe hat, dann ist es schwierig, in Bewegung zu bleiben.

Ich habe drei Inputs dazu, die ich euch gerne mit auf den Weg gebe.

Der erste ist die **Wahrnehmung**. Ich habe heute einen Freund bei mir, das Stehaufmännchen oder Stehauffrauchen. Und wenn ich dieses so anschaue, drücke, spüre – ah es ist weich, es lächelt mich an, es gibt mir ein gutes Gefühl – und riechen tut es so-la-la. Jetzt ist die Frage, ist dieses Stehaufmännchen oder Stehauffrauchen für meine Gedanken verantwortlich? Oder bin ich es selbst, als Wahrnehmerin? Ich glaube es ist klar. Ich bin es selbst mit meinen Gedanken, Gefühlen, Haltungen, mit meinen Erfahrungen, Werten, Glaubenssätzen und Mustern.

Der zweite ist – was ich so erkenne –, dass viele Weltmeister:innen sind, **aus Mücken Elefanten zu machen**. Und da steht dann so ein Elefant vor mir, was kann ich nun tun? Ich kann ihn Stück für Stück wieder abbauen oder aus diesem Elefanten just wieder eine Mücke machen. Wie das geht? Ich zeige es dir gerne in einem Einzel- oder Gruppen-Setting.

Und der dritte Input, den ich euch auf den Weg geben will: **Werdet zum/ zur Emotions-Manager:in.** Wir alle haben so innere Stimmen: den Kritiker, den Motzer, den Schwarzmaler, den Ängstlichen. Die Stimmen wollen gehört und die damit verbundenen Gefühle gefühlt werden. Hören wir diesen Stimmen doch mal zu. Aber wir geben ihnen die Zeit vor, mal fünf oder zehn Minuten, auf jeden Fall nicht tagelang. Und dann sagst du zu diesen Stimmen: Hey, wisst ihr was, geht doch mal in die Ferien! Ich will produktiv sein, im Flow und gesund bleiben, kommt in ein, zwei Stunden wieder – oder heute Abend um 20 Uhr. Fazit: Verlasse die Opferrolle – übernimm noch heute Verantwortung für dein Denken, dein Fühlen und dein Handeln.

Und das Wichtigste: Ihr wisst jetzt, es ist lernbar, mit Krisen umzugehen. Sich biegen können, ohne zu brechen. Werdet zur/m Krisenmanager:in, zur/m Gefühlsmanager:in und kommt vor allem ins Tun. Und wie ist das mit dem Tun? Oft fehlen nur 20 cm oder 68 cm. 20 cm? Ja – mal den Allerwertesten zu heben. Und 68 cm? Ja – den ersten Schritt zu tun.

Meine absolute Überzeugung ist, dass wir in der Flexibilität unserer Art und Weise an den verschiedensten Herausforderungen vorbei schiffen oder mit ihnen umgehen können. Also uns biegen können, ohne daran zu zerbrechen.

Ich wünsche euch, dass Krisen für euch händelbar werden, ihr daran wachsen könnt und freue mich, wenn ihr mir helft, meine Botschaft in die Unternehmungen, in die Familien, zu den Menschen zu tragen.

Besten Dank
Barbara.

Katharina Kleiner

Dipl.-Pädagogin, Dozentin &
Mentorin für Neuausrichtung

E: info@katharina-kleiner.de
HP: https://www.katharina-kleiner.de

Katharina Kleiner

In Umbruchzeiten wieder neu aufleben

Wir leben in einer Phase großer Veränderungen. In dieser herausfordernden Zeit, in der sich unversöhnliche Meinungen überschlagen, Sicherheiten im Außen wegbrechen, reagieren viele aggressiv oder depressiv. Wie können wir da eine klare Richtung erkennen, an der wir uns ausrichten? Welchen Samen legen wir jetzt für die Zukunft, um zu einer besseren Lebensweise beizutragen?

Können wir Sicherheit finden in unsicheren Zeiten? Ich behaupte: Ja. Das heißt jedoch nicht, dass dies leicht sein wird. Bekanntes, Vertrautes, das Leben in der sogenannten Komfortzone bietet trotz der Belastungen Schutz und vermeintliche Sicherheit. Routinehandlungen erzeugen nicht so schnell Stress. Also bleiben die meisten erst einmal in ihrer Komfortzone und versuchen, so gut es geht, zu funktionieren. Von allein brechen die wenigsten hier aus.

In dieser Umbruchzeit kommen wir zwangsläufig an Grenzen, insbesondere dann, wenn wir plötzlich direkt davon betroffen sind. So schnell können wir herausgerissen werden aus dem bisherigen Leben, aus der Komfortzone. So wie der Tod eines Menschen das Leben der Angehörigen auf den Kopf stellt und nichts mehr in einem gewohnten Umfeld bleibt.

Plötzlich steht alles still, Gedanken können es nicht fassen. Und gerade hier eröffnet sich eine ungeahnte Chance: Mit diesem Stopp können wir nicht mehr wie bisher weiterlaufen und uns in Gedankenschleifen verlieren. In dieser Stille sind wir plötzlich im Jetzt, in einer Gefühlstiefe, in der wir zu uns selbst vordringen und wahrnehmen. Hier begegnen wir uns in einem tiefsten Gefühl, das wir jedoch gleichzeitig als unwillkommen abwehren. Wenn wir jedoch der Versuchung widerstehen, uns in Ablenkungen im

Außen zu stürzen und stattdessen diesen Zustand einfach einmal aushalten, können sich ungeahnte Türen öffnen.

Die Chance, uns für bisher verdrängte Emotionen zu öffnen, kann in dem Moment nicht gesehen werden. Oft erkennen wir erst im Nachhinein, welche Wandlungsfortschritte wir durch solche Situationen bereits meisterten. Not macht erfinderisch, weckt kreative Kräfte und Mut zu tatvollem Handeln.

Menschen, die an der Grenze stehen, sind eher bereit, Schritte ins Neue zu wagen. Wenn die Sehnsucht zum Neuen größer wird als die angstauslösende Situation, wird der MUT geboren. Ohne Angst müssen wir auch keinen Mut entwickeln. So sind Angst und Leid helfende Signale, um Mut zur Handlung aufzubringen.

Heißt das nun, dass wir erst einmal eine persönliche Katastrophe erleben müssen, um aus unserer Komfortzone auszubrechen und heilende Veränderungen in unserem Leben umzusetzen? Zum Glück gibt es auch andere Wege. Doch meist hindern uns tiefsitzende Gedanken und Glaubenssätze daran, aus unserem nicht bewussten Routinealltag auszubrechen und liefern uns jede Menge Ausreden, warum wir etwas noch nicht umsetzen können.

Diesen Glaubenssätzen können wir aber entgehen, sobald wir uns selbst erleben. Und das passiert nicht nur in schmerzhaften oder traurigen Situationen, sondern auch, wenn wir froh und glücklich oder auch einfach nur ganz tief in einer Sache versunken sind. In diesem Gewahrsein, das wir vom Hobby oder Spiel kennen, sind wir ebenfalls ganz präsent im Jetzt. Gedanken sind vergangenheits- und zukunftsbezogen und meist sorgenvoll ausgerichtet. Gedanken, die im Jetzt kommen, sind oft Eingebungen, Weisheitseinsichten. Doch zeigt die Erfahrung tatsächlich, dass die meiste „Schubkraft" für echte Veränderung meist aus Notsituationen entsteht.

Im Jetzt sind wir an unseren Wesenskern (Herz) angebunden, der unvorstellbar mehr bewerkstelligen kann als unser denkender Verstand. Und gerade in NOT-Zeiten können wir diese Ressource nutzen, wiederentdecken und leben! Die aus unserem Selbstbewusstsein resultierende Selbstsicherheit gibt uns die Freiheit, das zu tun, was erfolgreich und glücklich macht. Leben ist Veränderung, und sie geht von innen nach außen. Bisher haben sich die meisten im Außen orientiert und somit die Eigenverantwortung abgegeben.

Wir sind in der Lage, den Himmel auf die Erde zu holen, eine neue Erde zu gestalten, wenn wir aufhören, alte Denkprogramme mit entsprechenden Verhaltensmustern abzuspulen. Halten wir jedoch daran fest, dass es nicht geht, wird es so eintreffen. Unser Glaube, ob wir etwas erreichen oder nicht, wird sich entsprechend realisieren.

Innere Sicherheit und tiefes Vertrauen in uns schaffen wir durch mutige Aktion, durch ein neugieriges Einlassen auf neue unbekannte Wege. Der Mut, unsere bisherigen Denk- und Gewohnheitsmuster zu durchbrechen und loszulassen, uns neu zu kreieren in einem neuen mitfühlenden Miteinander, wird uns enorm belohnen.

Und anstatt das Alte zu bekämpfen, ist es sinnvoller, sich auf das Neue auszurichten. Wenn wir alles, was uns begegnet, als Möglichkeit zu innerem Wachstum ansehen, gewinnen wir innere Stärke. Die neue Zeit verlangt Stärke, Mut und Hingabe sowie festen Glauben und Vertrauen.

Halten wir es wie Pippi Langstrumpf, wenn der Sturm stärker wird, werden wir es auch. Wenn nicht mehr die Umstände unser Leben bestimmen, sondern umgekehrt wir als Lebensarchitekten unser Leben gestalten, können wir die jetzige herausfordernde Zeit willkommen heißen zu unserem Aufbruch.

Wie Bewältigung und Wachstum aus schwierigen Zeiten aussehen kann, beschreibt mein Buch „Anka – Die Stimme des Unausgesprochenen – Krisen als Sprungbrett für ein wundervolles und befreites Leben" (2022).

Ditha de Rablo

Künstlerin, Malerin

E: info@rablo.email
HP: https://www.rablo.space

Egal, was im Leben passiert, sei die beste Version von dir selbst

1972 in Rumänien hatte meine Mutter — Mitglied einer Sekte — Unzucht mit einem ungläubigen Mann und wurde schwanger. Sie versuchte alles, um mich abzutreiben. Ich bin so froh, dass dies nicht geklappt hat, sonst könnte ich heute hier nicht meine Lebensgeschichte erzählen. Dank meiner Ur-Oma bekam ich jedoch ein Zuhause. Es gehörte zu meinem Alltag, sehr viel Zeit auf dem Friedhof zu verbringen und das Grab des Sohnes meiner Ur-Oma zu besuchen. Täglich nahmen wir an mindestens drei Begräbnissen teil. Zwischenzeitlich spielte ich zwischen den Gräbern. Bis zu meinem fünften Lebensjahr sah ich mehr Leichen und trauernde Menschen als Kindergesichter. Und doch hing ich so am Leben. Als ich 5 Jahre alt war, missbrauchte mich ein 14-jähriger Junge und sagte zu mir: „Wenn du das jemandem erzählst, kommst du ins Gefängnis, denn das ist alles deine Schuld!" Und doch hing ich so am Leben.

Als ich in die Schule kam, fing der Horror in meinem Leben erst richtig an. Meine Ur-Oma wurde krank und meine Erziehung übernahm meine Oma, die Mitglied einer Sekte war. Sie dressierte mich wie ein Tier, quälte mich stundenlang, bis ich ohnmächtig wurde. Sie sagte, ich sei eine Schande vor Gott, eine Ausgeburt der Unzucht. Und trotzdem häng ich so am Leben.

2002 war ich zur falschen Zeit am falschen Ort: Ein Mann hat mich entführt und anderthalb Jahre festgehalten. Und doch hing ich so am Leben. Oft werde ich gefragt: „Ditha, wie hast du das alles geschafft? Dich hat bestimmt ein Engel gerettet!" Ich weiß nicht, ob mich ein Engel gerettet hat. Aber eines weiß ich, ein Malpinsel hat mich gerettet und ich habe meine Narben mit Farben gefüllt. Die Kunst hat mich gerettet, die Malerei hat mich gerettet. Sonst wäre ich heute nicht hier, nicht am Leben ...

Ja, ich weiß, das klingt alles hart und sehr bitter. Aber warum erzähle ich dir das, warum vertraue ich dir meine Geschichte an, warum zeige ich dir meine verletzlichste Seite? Weil ich dir da draußen Mut machen möchte. Es ist völlig egal, was alles in deinem Leben passiert ist, du hast die Macht, dein Leben so zu gestalten, wie du möchtest. Es liegt in deinen Händen.

Damit meine ich nicht, andere Menschen zu beeinflussen und Situationen zu verschlimmern, sondern sich auf sich selbst zu konzentrieren, auf unsere Reaktionen und unser Verhalten. Trotz vieler Schicksalsschläge habe ich meine Kreativität, mein Vertrauen, meine Hoffnung und meinen Glauben an die Zukunft nie verloren. Meine felsenfeste Überzeugung ist, dass trotz aller Narben, Schicksalsschläge und traumatischen Erfahrungen in uns allen eine Kraft, ein Antrieb, eine Urkraft, eine Lebensenergie steckt, die uns Hoffnung gibt, nicht aufzugeben.

Erfahrungen sind unsere wahren Ausbilder.

Eine schwierige Kindheitserfahrung zu haben, ist schmerzhaft und beängstigend, aber wenn ich die andere Seite der Medaille sehe, dann hat mir das geholfen, zu einer starken Person heranzuwachsen. Um Gottes willen, ich will nicht sagen, dass schlechte Erfahrungen etwas Gutes sind, sondern meine Botschaft ist: Mach etwas Gutes daraus.

Nicht alle von uns sind mit einer wunderbaren Kindheit oder einem Leben voller glücklicher Erinnerungen gesegnet. Es geht darum, sich der positiven Aspekte des Lebens bewusst zu werden und das Beste aus allem zu machen, das einem in den Weg kommt. Eine schwierige Kindheit schafft auch viel Stärke, und überraschenderweise hat mich diese Stärke zu einem besseren Menschen gemacht, der in der Lage ist, mit kritischen Situationen umzugehen und unabhängig zu sein. Jemand, der viel Leid erfahren hat, wächst zu einem fürsorglichen, verständnisvollen und empathischen Erwachsenen heran. Wenn ein Kind Leid erfahren hat, kann es den Schmerz und die Umstände, die ihn verursacht haben, verstehen. Das macht diese Person auch sehr hilfsbereit, was wiederum zu einer großen Unterstützung für andere in Not wird. Menschen stark und Mut machen. Wissen, wie man Schwierigkeiten überwinden kann. Man versteht den Wert der einfachen Dinge im Leben, wenn man durch schwere Zeiten gegangen ist.

Ein Mensch, der eine schmerzhafte Kindheit erlebt hat, neigt dazu, ein Einzelgänger zu sein. Ich kann stundenlang mit mir allein sein, ohne mich zu langweilen, in Fantasielandschaften entfliehen, auf meine innere Stimme hören, meine Fähigkeiten verbessern und mich auf meine Ziele fokussieren. Ich habe gelernt, straßenschlau zu sein und in Krisen nach Lösungen zu suchen. Das hat mich clever gemacht und mir beigebracht, in einer Krise nach Lösungen zu suchen.

Wenn man so aufwächst, wird man zu einer kreativen, ideenreichen Person, die nicht nur immer Wege und Lösungen findet, um Probleme zu überwinden, sondern auch die Welt bunter gestaltet. Ich empfinde meine Kreativität als eine Gabe – meine Gabe –, die für mich bestimmt ist. „Warum schenkt Gott mir diese Fähigkeit, wenn ich sie dann nicht auch nutzen sollte?", fragte ich mich. Deshalb bin ich so dankbar für mein Leben, egal, was passiert ist, — und dennoch hänge ich so am Leben.

Ich möchte dir Mut machen.

So wie ich meine Malerei und Kreativität gefunden habe, so hast du bestimmt auch deine Superkräfte, deine Gabe.

Und mach deine Gabe zu einer Fackel, die die Dunkelheit in der Welt erhellt und die verborgenen Farben zum Vorschein bringt sowie die Welt mit neuen Farben bemalt und verändert.

Also egal, was im Leben passiert, sei die beste Version von dir selbst.

Julia Gigl

Generator 3/6
Sacrale Autorität
Doppelter Wassermann

HP: https://web-vision.online
HP: https://begolden-mindandmarketing.de

Julia Gigl

Be Golden, denn Gold ist eine Einstellung!

Glauben Sie, dass Erfolg nur eine Frage des Glücks ist? Oder liegt es vielleicht doch an einem inneren Mindset, das den Unterschied macht? Ich bin der Meinung, dass es eine Kombination aus mehreren Faktoren ist. Energie-Strategie und Umsetzung! Wenn Sie Ihr Potenzial voll ausschöpfen und Ihre Stärken entwickeln möchten, ist es entscheidend, dass Sie Ihre eigene innere Einstellung kennen und verstehen. Denn Ihre Einstellung kann die gesamte Außenwelt beeinflussen, von Ihrem persönlichen Erfolg, Ihrem Alltag, Beziehungen, Ihrem Umfeld bis hin zu Ihrem finanziellen Erfolg. Hier ein paar kleine Einblicke in das **„goldene You-Niversum"**:

Gold Magie – Magie steckt in jedem von uns. Damit meine ich jetzt nicht irgendeinen esoterischen Hokuspokus, sondern die Energie, die in uns steckt und von uns ausgeht. Immer, in jeder Sekunde. Energie und Magie sind miteinander verbunden. Mit Magie können Sie Ihre Einstellung formen und Ihre Ziele verfolgen. Denn Magie ist mehr als nur Zauberei. Es ist eine Kraft, die Sie nutzen können, um die Dinge in Ihrem Leben zu verändern. Wenn wir lernen zu erkennen, was uns gegeben wurde, welche Ressourcen in mir stecken und wie ich diese am besten nutzen kann, dann habe ich einen einzigartigen verlässlichen Kompass in mir, den ich natürlich für meine Ziele nutzen darf.

Sichtbarkeit, authentisch und unverschämt – Unverschämt ist eines meiner Lieblingswörter. Gerade in meinen Programmen und Vorträgen erfahre ich ständig die hinderlichen und bremsenden Glaubensmuster und Paradigmen, denen meine Teilnehmer und wir alle ausgesetzt sind. Von Kindheit an geprägt ... sei nicht zu laut, sei nicht zu viel, sei nicht zu präsent, sei nicht unverschämt ... Also sei nicht ohne-scham ... Umkehrschluss: Habe immer Scham, du selbst zu sein. Schäme dich deiner Bedürfnisse, sobald sie über das „moralisch anerkannte Durchschnittsbedürfnis" hinausgeht.

Unfassbar. Aber es ist so. Erfolg und Sichtbarkeit funktioniert nur, wenn ich mich so zeigen kann, wie ich bin. Authentisch, ehrlich, SCHAMLOS und unverschämt. Unverschämt im Sinne von: unerschrocken, unerwartet, unverkennbar, unerschütterlich und unverwechselbar. Und so ist es die Kunst, sich von den inneren Zwängen und Glaubensmustern zu befreien, das eigene „Unverschämt-Sein" zu entdecken und zu fördern. Denn so kann man wieder ein Leben voller Freude, Erfüllung und Erfolg leben. Die Magie, die dabei entsteht, ist etwas ganz Besonderes.

Die Macht der Gedanken – Gedanken sind mächtig und können unsere Realität auf eine Weise beeinflussen, die wir oft nicht einmal erahnen. Und so können negative Gedanken eine limitierende Wirkung auf uns haben, während positive Gedanken eine magische Kraft entfalten, die uns zu großen Erfolgen führen kann. Negative Gedanken sind eine Kraft, die uns dazu verleitet, uns selbst zu limitieren. Diese Gedanken machen uns unsicher, zweifelnd und ängstlich, was dazu führt, dass wir nicht die notwendigen Schritte unternehmen, um unser Potenzial voll auszuschöpfen. Es ist wichtig, dass wir uns bewusst machen, wie wir uns selbst einschränken, wenn wir uns von negativen Gedanken leiten lassen. Durch die Bewusstwerdung können wir dann lernen, uns selbst zu überwinden und zuverlässig zu unseren Zielen zu stehen. Auf der anderen Seite können positive Gedanken eine magische Kraft entfalten, die uns dazu befähigt, die größten Herausforderungen zu meistern und die schwierigsten Ziele zu erreichen. Positive Gedanken machen uns mutig, selbstbewusst und fokussiert. Sie geben uns die Kraft, auch dann weiterzumachen, wenn die Umstände schwierig sind und uns das Gefühl geben, wir müssten aufgeben.

Die Bedeutung von Zielen – Ziele sind ein wesentlicher Bestandteil unseres individuellen Erfolgs. Es ist wichtig, Ziele zu haben und sie mit Emotion und dem gewissen Fokus zu verfolgen. Durch die Klärung deiner Ziele kannst du deine innere Einstellung auf deine Außenwelt ausrichten, das heißt, du hast einen festen Punkt mit deinem Navi fixiert. Jede Handlung und deine Energie richtet sich auf diesen Punkt aus. Zunächst ist es wichtig, sich klare Ziele zu stecken. Es ist wichtig, realistische Ziele zu setzen, die dir helfen zu wissen, wo du hin willst und wie du dorthin gelangen willst. Natürlich dürfen Ziele auch ein Kribbeln hervorrufen. Sie dürfen auch verrückt sein. Hilfreich sind A-, B- und C-Ziele. Damit unsere Logik und unser Verstand aber beruhigt ist und somit die Handbremse lösen, ist es hilfreich, Ziele in kleinere Steps zu unterteilen. Wenn du deine Ziele hast, ist es wichtig, sie zu visualisieren. Verknüpfe das Gefühl, also eine starke Emotion, mit deinem bereits erreichten Zielempfinden. Es ist auch wichtig, die Magie des Universums beim Erreichen deiner Ziele zu nutzen. Immer in den Bereits-Empfangen-Status gehen. Es gibt absolut keinen Zweifel an dem „Erreicht haben". Ein Ziel ist ein Traum mit Datum!! Und wichtige Sidenote: Ein Ziel ist nie, mehr Geld zu haben!! Sondern was steht hinter dem Bedürfnis, was das „Mehr-Geld-haben" hervorruft?

Wie Persönlichkeitsentwicklung und Business-Strategie zusammenhängen – Unser Potenzial voll auszuschöpfen und unsere Stärken zu entwickeln, ist ein Prozess, der sich auf unser ganzes Leben auswirkt. Wir müssen uns dabei auf verschiedene Bereiche konzentrieren: unsere Persönlichkeit, unser Personal Brand, unsere Botschaft sowie unsere Business-Strategie. Alle Bereiche sind miteinander verbunden und bilden ein Herzstück bei der Entwicklung des eigenen Selbstvertrauens.

Persönlichkeitsentwicklung bedeutet, sich selbst besser kennenzulernen. Sich, seine Wirkung nach außen, die Wirkung ohne Worte, unsere lautlose Botschaft, die wir teilen. Dazu arbeite ich gerne mit einem Metaphysischen System. Den Golden Codes und Meta Marketing. Es bedeutet, sich selbst in Frage zu stellen und durch eine innere Reise Veränderungen anzustoßen. Dieser Prozess kann uns helfen, unsere Talente und Stärken zu erkennen, uns mit unseren vermeintlichen Schwächen auseinanderzusetzen und einen eigenen Weg zu finden, unsere Ziele zu erreichen. Mit guter Intention zum Wohle aller. Es geht nie um das Pushen unseres Egos. Business-Strategie ist die Kunst, unser Potenzial in der Welt der Geschäftswelt zu nutzen. Unsere Traumkunden und Zielgruppe magnetisch anzuziehen. Die Zeiten der dirty sales-Tricks sind vorbei. Gekauft zu werden, ist ein viel besseres Gefühl als verkaufen zu müssen. Das war nur ein kleiner Ausflug in das Be Golden Thema. Nichts ist unmöglich. Ich wünsche allen Menschen mehr Mut, magisch zu sein. Alles Liebe.

Ute Schinnen

Diplom-Betriebswirtin

Autorin | Speakerin | Spirituelle Lehrerin | Mediale Mentorin | Business Spirit Consultant

E: info@uteschinnen.com

HP: www.uteschinnen.com
HP: www.spirit-code.com

Ute Schinnen

Die magische Verbindung von Spiritualität und Business

Stell dir vor, du entdeckst eine verborgene Kraft in dir, die dich, dein Business und deine Beziehungen auf ein ganz neues Niveau hebt. Du beginnst, die Grenzen deines Verstandes, deines Bewusstseins und deines emotionalen Körpers zu durchbrechen. Du erkennst, dass dein Business eine Reflexion deiner inneren Welt ist, und dass es nur so weit wachsen kann, wie du selbst wächst. Ist das nicht faszinierend?

Achtung! Es wird spirituell. Stell dir vor, du baust dein eigenes „Dream-Team" aus geistigen Helfern auf, um dich auf deinem Weg zur inneren und äußeren Freiheit zu unterstützen, die dir auf all deine Fragen antworten und Klarheit und Zielorientierung schenken. Deine geistigen Mentoren, die deine Lebensaufgabe kennen, 24/7 verfügbar sind, nur dein Bestes wollen und das auch noch kostenlos!

Erfolgreiche Unternehmer, Selbstständige, Freiberufler der heutigen Zeit agieren mehr und mehr aus einer ganzheitlichen und übergeordneten Meta-Perspektive – dank ihrer (wieder erlernten) Verbindung mit der geistigen Welt. Sie integrieren Herz und Intuition, entwickeln eine klare Vision für ihr Leben und Business.

Die Suche nach dem Sinn. Viele von uns beginnen die Karriere mit großen Träumen und Zielen. Wir möchten erfolgreich sein, finanzielle Sicherheit erreichen und nebenbei die Welt verändern. Doch wir merken, dass materieller Erfolg und Ansehen allein uns nicht das erfüllte Leben schenken, nach dem wir uns sehnen. In solchen Momenten beginnen wir, uns nach einer tieferen Verbindung und einem höheren Sinn in unserem Leben und unserem Business zu sehnen. Wir spüren, dass es mehr geben muss als den täglichen Kampf um Wachstum und Gewinn. Die Sehnsucht nach einer tiefen Verbindung zu uns selbst und der Wunsch, ein erfülltes Leben zu führen, sind universelle Bedürfnisse. Und so suchen wir nach Orientierung: wir spüren uns nicht mehr, wir haben die Freude am Leben verloren oder stehen kurz vor einem Burnout. Wir sind im Hamsterrad gefangen und haben das Gefühl, mit angezogener Handbremse zu fahren, statt Gas zu geben.

Die Verbindung mit der feinstofflichen Dimension hilft uns, Klarheit, Weisheit und innere Stärke zu finden, um unsere Herausforderungen zu bewältigen, unsere Berufung zu entdecken. Innerlich und äußerlich zu heilen. Unser Potenzial zu entfalten.

Unser Business ist eine Reflexion unseres inneren Zustands. Unsere Gedanken, Gefühle und Überzeugungen beeinflussen, wie wir Entscheidungen treffen, wie wir mit anderen interagieren und wie erfolgreich wir sind. **Indem wir uns mit der geistigen Ebene der „Spirits" verbinden, können wir unser Leben und unser Unternehmen auf ein neues Level heben und mit Freude und Leichtigkeit wachsen.**

Unser Business kann sich nicht über unseren aktuellen Bewusstseinszustand hinaus entwickeln. Innere Haltung, Gedanken und Gefühle bestimmen die Grenzen unseres Erfolgs. Diese Grenzen gilt es zu erkennen und zu überwinden.

(Weiter-)entwickelt: Von der Topmanagerin zur spirituellen Lehrerin

Als Wirtschaftswissenschaftlerin, erfolgreiche Führungspersönlichkeit, Topmanagerin und Unternehmensberaterin glaubte ich lange Zeit, dass mehr Arbeit zu mehr Ergebnissen führt.

Drei Schlaganfälle später stand ich vor der größten Herausforderung meines Lebens. Auf der Suche nach Heilung wurden Schamanen, Heiler und spirituelle Lehrer meine Mentoren. Sie lehrten mich, mich durch die Verbindung zur geistigen Welt selbst zu heilen und meine abgespaltenen medialen Fähigkeiten wiederzuerlangen: Hellsehen, Hellfühlen und Hellhören. Aus der geistigen Dimension erhielt ich **drei konkrete Aufträge**: Bücher schreiben, Vorträge halten und als spirituelle Lehrerin **Menschen mit der geistigen Welt verbinden**. Denn diese Verbindung gilt als „die" Schlüsselkompetenz des 21. Jahrhunderts.

Die Botschaft der geistigen Dimension lautete weiter: **„Die besten Lehrer sind die, die den Weg selbst gegangen sind. Gehe hin und lehre."** Diese Botschaft wurde zum Leitmotiv meiner neuen Lebensaufgabe und gab mir den Mut und die Inspiration, meine Erfahrungen zu nutzen, um Menschen dabei zu unterstützen, sich selbst durch die geistige Führung zu helfen. Weil ich selbst erfahren durfte, mein Leben verändern und heilen zu können, ist es heute meine Mission, Menschen mit der geistigen Welt zu verbinden. Du lernst in meinem Praxis-Seminar u.a., dich jederzeit und überall innerhalb von nur 10 Sekunden mit deinen „Spirits" (deinen Engeln, Mentoren, Beratern, Lehrern in der feinstofflichen Dimension) zu verbinden. Ohne stundenlang zu meditieren, da viele Menschen trotz jahrelanger Meditation die Ebene der geistigen Berater nicht erfahren.

Du kannst dein Drehbuch neu schreiben

Freiheit bedeutet, authentisch zu leben und zu arbeiten – in Übereinstimmung mit unseren Werten und Zielen. Entdecke die Freude und Erfüllung, die daraus resultieren, dass du dein Unternehmen durch Authentizität, Dankbarkeit und persönliches Wachstum aufbaust – mit Hilfe deiner Verbindung zur geistigen Ebene. Alles, was wir brauchen, ist bereits in uns. Jeder kann lernen, diese Kräfte in sich wieder zu entwickeln und zu nutzen.

Was haben Steve Jobs, Elon Musk und Jeff Bezos gemeinsam? Sie alle hatten und haben spirituelle Berater. Glaube nicht, was ich dir berichte. **Mache deine eigenen Erfahrungen!** Lass dich gerne auf meiner Homepage inspirieren. Du wirst entdecken, dass die Verbindung von geistig-spiritueller Dimension und Business eine starke Kombination darstellt, die dich auf magische Weise bereichert – privat wie im Geschäftsleben.

Ilka Waßmann

Diplom-Übersetzerin Chinesisch-Deutsch,
Keynote Speakerin „Grenzen –Wissen – Globalisierung"

E: info@ilkawassmann.de
HP: https://www.ilkawassmann.de

Ilka Waßmann

Erzähl doch mal etwas Spannendes über China!

Wer sich wie ich seit rund zwanzig Jahren mit China beschäftigt und vor die Aufgabe gestellt wird, mal was „Spannendes über China" zu erzählen, sieht sich wirklich immer wieder vor einem Dilemma. Nicht, weil es so schwierig wäre, eine dieser zahlreichen und vielleicht auch schon oft erzählten Geschichten aus dem Ärmel zu schütteln. Nein. Ganz im Gegenteil.

Geschichten gibt's reichlich über China zu erzählen. Doch was möchte das Gegenüber gern hören oder erfahren? Mit welchen Geschichten über China kann ich meine Zuhörer erfreuen, neugierig machen oder überraschen?

So fange ich doch einfach mit meiner Geschichte an, wie ich als Studentin vor mehr als zwanzig Jahren an einem freundlichen Herbsttag in den schönen Räumlichkeiten des SOS der Universität Bonn saß, weil ich ein Seminar zur Geschichte und Kultur Chinas belegt hatte. „SOS" ist übrigens kein Notsignal, sondern war seinerzeit die geläufige Abkürzung für „Seminar für Orientalische Sprachen".

Mit mir saßen im SOS in dieser Veranstaltung rund 15 Studentinnen und Studenten, darunter auch einige aus China und Taiwan. Ja, die Runde war sehr übersichtlich. Nicht viele entschieden sich damals für solche „exotischen Fächer", was den Vorteil hatte, dass wir uns im Studienseminar irgendwann alle kannten.

Wir, das waren die mit dem Studienfach Diplom-Übersetzen. Wir waren so wenige, dass wir das Glück hatten, in vertrauter, beinahe familiärer Atmosphäre zu studieren. Als A-Sprache wählte ich Chinesisch.

Kommen wir zurück:

Ilka Waßmann

Ein wesentlicher Inhalt des besagten Seminars zur Geschichte und Kultur Chinas war die ethnische Vielfalt Chinas.

Wir bildeten Arbeitsgruppen zu zweit oder zu dritt. Wir bekamen zwei Wochen Zeit und sollten ein Referat über jeweils eine der ethnischen Minderheiten Chinas, deren Lebensweise, Sprache, Gebräuche, Trachten usw. vorbereiten. Zum ersten Mal hörte ich unter anderem von den Völkern der Zhuang 壮, der Dong 侗, der Yi 彝, der Yao 瑶 oder der Li 黎 – und konnte mir kaum die dazugehörenden Schriftzeichen einprägen. Ich erinnere mich an diverse Nachmittage, die als kulinarische Abende mit allerlei Gaumenfreuden zu Ende gingen. Und ich lernte: Gäste sollten niemals ohne Essen verabschiedet werden. Wir beschäftigten uns natürlich intensiv mit dem Volk der Miao (苗族), was ebenfalls einige Learnings bereithielt. Nicht nur bezogen auf die Zusammenarbeit mit der Studentin aus Taiwan, die übrigens die chinesischen Langzeichen (繁体字) schrieb und uns insgeheim belächelte, weil wir diese nicht beherrschten (das erzähle ich mal an anderer Stelle ...), sondern vor allem darauf bezogen, welche spannenden Details wir über die Miao lernen konnten! Seit Jahrhunderten leben die Miao in den Berg- und Flusslandschaften im Süden Chinas. Organisiert in Dorfgemeinschaften bauen sie wie eh und je den Reis auf riesigen Terrassenfeldern an. Faszinierend ist auch die architektonische Besonderheit ihrer Wohnbehausungen und natürlich die traditionellen Tänze und Gesänge, die einen festen Bestandteil ihrer Kultur bilden. Mit mehr als elf Millionen Menschen sind die Miao zahlenmäßig sehr stark; kaum jemand weiß, dass viele von ihnen auch außerhalb Chinas leben. Wenn ich heute an die Miao denke, dann kommt mir sofort ihr außergewöhnlicher Silberschmuck in den Sinn, den die Frauen am Leib oder auf ihrem Kopf tragen. Die Herstellung eines solchen Schmucks zeugt von einer sehr feinen Handwerkskunst, die über Jahrhunderte entwickelt und perfektioniert wurde. So sind vor allem die Miao-Frauen in der südchinesischen Provinz Guizhou für ihren gewaltigen Silber-Kopfschmuck bekannt. Die Trachten und Kleidung werden aus fein gewebten und farbenfrohen Textilien hergestellt, die wiederum mit Verzierungen aus Silber geschmückt sind. Übrigens, nach dem Aberglauben der

Miao wehrt Silber böse Geister ab! Ich könnte jetzt einen mehrstündigen Vortrag über die Miao oder andere Minderheiten in China zum Besten geben und meine Begeisterung lässt sich nicht verbergen. Eine Reise zu den Miao lohnt sich absolut und schon damals wurde mir klar: Auch das ist China! Ja, auch das ist eines der Puzzleteile, die China zu einem facettenreichen Bild zusammensetzen.

Wir lernen normalerweise, dass auf chinesischem Territorium „die Chinesen" leben. Damit sind konkret 90 % der Bevölkerung, die sogenannten Han-Chinesen gemeint. Die verbleibenden 10 % verteilen sich auf die 56 offiziell in China anerkannten nationalen Minderheiten mit insgesamt rund 125 Millionen Menschen. Die Miao ist eine davon.

Und damit wird deutlich, dass es gar nicht so einfach ist, über China oder über „die Chinesen" zu sprechen.

Worüber reden wir also? Auf diese Frage möchte ich zum Abschluss einige Anregungen mitgeben: Wir reden über ein Land, das die Dimension eines Kontinents hat. Ein Land, das für mehr als 2000 Jahre von einem Kaiser regiert wurde, der nach dem Verständnis der Menschen sein Mandat direkt vom Himmel erhielt. Ein Land, das sich seither als Mittelpunkt der Welt begreift, worauf auch das chinesische Wort 中国 Zhōngguó, wörtlich das „Reich der Mitte", hindeutet. Ein Land, in dem man im Norden mehr Nudeln und im Süden mehr Reis isst. Ein Land, in dem die Uhrzeit der Zeitzone UTC+8 gilt, obwohl es sich über 5 Zeitzonen hinweg erstreckt.

Wir sprechen von einem Land, in dem beides, Tradition und Moderne, unmittelbar erlebbar ist. Kontrastreich und oft voller Widersprüche waren diese prägend für die Vergangenheit und Gegenwart Chinas. Lasst uns neugierig darauf sein, was die Zukunft für China und für uns bereithält.

© Fotograf: Dominik Pfau

Viola Frauenfelder

Dipl. Erziehungswissenschaftlerin,
Personzentrierte Beraterin,
Epigenetik-Coach, Energetikerin,
Speakerin, Keynote Speakerin

T: +49 176 61713863
E: info@viola-frauenfelder.de
HP: https://fempowerment-speaker-agency.de/viola-frauenfelder

Viola Frauenfelder

Ich war immer ein fröhlicher Mensch, bis zu jenem Tag

Dem Tag, der mein komplettes Leben völlig veränderte und mich in ein absolutes seelisches Tief katapultierte. Dem Tag, an dem mir ein anderer Mensch mutwillig, grausam und berechnend meine geliebte Tochter nahm. Dem Tag, der jahrelanges Leid für mich mit sich brachte. Dem Tag, der nicht nur Leid für mich, sondern auch für meine Kinder und ganz besonders für mein Enkelkind, welches nun ohne Mama aufwachsen musste, bedeutete. Zusätzlich musste dieses Kind auch noch ertragen, dass ihr Vater der Täter war.

Für mich zog dieses Geschehen unendlich viele Psychotherapiestunden und Klinikaufenthalte nach sich, doch diesen wahnsinnigen Schmerz, der meinen ganzen Körper aufgrund des Traumas dauerhaft durchzog, konnte mir keiner nehmen. Mit Posttraumatischer Belastungsstörung und allen dazugehörigen Symptomen wie Depressionen, Schlaf, Ess-, Angst- und Schmerzstörungen sowie Fibromyalgie und vollgestopft mit Tabletten studierte ich trotzdem Pädagogik und Psychologie, um meinen Kindern und meinem Enkelkind helfen, sie auffangen zu können. Für mich hatte ich keine Kraft mehr. Völlig am Ende, schon im Burnout feststeckend, lernte ich Energetik sowie Epigenetik kennen. Ich erkannte das Potenzial, welches darin steckte, und holte mich damit Stück für Stück ins Leben zurück.

Jetzt ist es mir eine Herzensangelegenheit, anderen Menschen empathisch, wertschätzend und kongruent zurück ins Leben zu helfen, ihnen die Hand zu reichen und wieder ein Lächeln ins Gesicht und in ihre Augen zu zaubern. Meinen Fokus richte ich dabei auf Ganzheitlichkeit, auf die Verbindung von Körper, Geist und Seele.

Mut, das Leben wieder in die Hand zu nehmen, Motivation, auch aus anderen Blickwinkeln aufs Leben zu schauen, Persönlichkeitsentfaltung, um die wunderbaren Facetten des Lebens wieder spür- und erlebbar für den Menschen zu machen, stehen dabei genauso im Vordergrund wie die energetische Arbeit für die Seele, um Blockaden zu lösen und das Bewusstsein zu erweitern.

Um das körperliche Wohlbefinden wieder herstellen zu können, dienen mir Erkenntnisse und tiefgreifendes Wissen über epigenetische Wirkmechanismen. Dadurch wird Harmonisierung und Aktivierung der Selbstheilungskräfte, Aufspüren von Mangelzuständen und deren Beseitigung sowie Kraft- und Energieentfaltung wieder bis tief in und aus der Zelle möglich.

So wird die Veränderung unseres Lebensstils zur Grundlage für ein Leben in Vitalität und ganzheitlichem Wohlbefinden.

Doch was ist Epigenetik überhaupt? Die meisten Menschen können sich unter diesem Begriff nicht wirklich viel vorstellen, ihn hier wissenschaftlich zu erläutern, wäre nicht Sinn der Sache. Eine ganz einfache Herleitung wäre folgende: Epi heißt über oder auf, Genetik befasst sich mit unseren Genen, daher bedeutet Epigenetik auf unseren Genen. Gemeint ist damit ein Steuerungsmechanismus, der unsere Gene an- und abschaltet oder reguliert.

Zum noch besseren Verständnis möchte ich die Begrifflichkeit anhand einer Metapher näherbringen. Stellen wir uns ein Klavier vor, die Tasten stehen sinnbildlich für unsere Gene, die Noten für die wichtigen Stoffe, die für unseren Organismus gebraucht werden. Doch was nützt uns das Musikinstrument und die Notenblätter ohne einen Pianisten, der es wunderbar versteht, mit seinen Händen die Tasten – um unser Bild zu vervollständigen sind diese die epigenetischen Steuerungs- und Wirkmechanismen unserer Metapher – virtuos zu bespielen. Erst die Hände des Pianisten, die die Noten wundervoll auf die Tasten zelebrieren, bringen die Melodie zum Klingen. Eine Melodie, die in unserem Körper alles wieder in Einklang und ins Gleichgewicht bringen kann.

In meinen Coachings stehen nach einer umfassenden Bestandsaufnahme im ersten Schritt die Zellmembranen im Fokus, denn nur, wenn diese gesund und ihre Sensoren dadurch durchlässig sind, können Vitamine, Mineralstoffe und Spurenelemente überhaupt dort hindurch in die Zelle hinein gelangen, sowie Schlacken und Stoffwechselendprodukte hinaus geschleust werden. Somit ist auch der Weg für energetische Arbeit frei, denn auch dies gelingt über die Sensoren in den Membranen. Gesunde Zellmembranen sind der Grundstein für den Weg in die Zellen und damit auch zu unserer DNA, die sich in den Zellkernen und den in der Zelle liegenden Mitochondrien befinden. Aber auch Mitochondrien, Herzratenvariabilität, Ernährung, Schlaf und viele weitere für unsere Gesundheit wichtige Grundpfeiler werden in den Blick genommen. Als personzentrierte Beraterin lege ich dabei sehr viel Wert auf Achtsamkeit und wertschätzende Kommunikation auf Augenhöhe, getragen von gegenseitigem Vertrauen im Coachingprozess, indem der Coachee von mir bedingungslos positive Beachtung erfährt und immer seine tatsächlichen Bedürfnisse im Mittelpunkt stehen.

Mit dem Themenfeld der Epigenetik gehe ich nicht nur im Coaching, sondern auch in Vorträgen zu den Menschen, um sie für diese neue Art der Sichtweise auf Gesundheit zu begeistern und dieses Themenfeld bekannter zu machen.

Denn in dieser Zeit des Wandels brauchen Menschen manchmal kleine Wunder, um wieder zuversichtlich in die Zukunft schauen zu können. Die Epigenetik kann und wird für viele so ein Wunder sein, welches ihnen wieder zu mehr Lebensqualität und Freude verhilft. Jetzt ist es an der Zeit, dieses wunderbare, faszinierende und interessante Themenfeld der Epigenetik in die Welt zu bringen.

WENN NICHT JETZT, WANN DANN?

© Fotograf: Dominik Pfau

Peter Menke-Glückert

IT-Beratung, Projektmanagement, Coach für verteiltes Arbeiten & Speaker

E: info@pmg-consulting.de
HP: https://inspiration.pmg-consulting.de

Verteiltes Arbeiten macht Spaß, kein Frust durch Homeoffice

Drei Thesen to Go

1. Manchmal helfen kleine Dinge

Wer kennt es nicht ... vieles funktioniert nicht, weil Kollegen im Homeoffice sind ... keiner hat den Überblick, wer an welchem Thema arbeitet ... E-Mails mit immer länger werdenden CC:-Listen ... zeitliche Probleme, Budgets werden nicht eingehalten ... und und und?

Ergebnis: Keiner hat mehr Zeit für die wichtigen Aufgaben, alle sind frustriert und einige wollen sogar den Job wechseln.

Was tun? Manchmal lässt sich ein Problem schon durch eine minimale Veränderung lösen, wie mein folgendes Beispiel einer Firma im IT-Bereich zeigt. Es ging um die Planung des Kundensupports. Zwei Mitarbeiter pro Tag waren involviert – eine Person betreute den Kunden am Vormittag, eine am Nachmittag. Bisher wurde die Planung immer per Filzstift in einen großen Wandkalender im Büro eingetragen ... frei nach dem Motto – „keep it simple".

Dann kam Corona, alle waren im Homeoffice und der große Kalender war allein im Büro. Hier war die Lösung einfach – statt dem Kalender gab's eine zentrale Excel-Datei, auf die alle zugreifen konnten. Die Übergabe der Aufgaben erfolgte nicht mehr persönlich, sondern per Chat, damit alle nachlesen konnten, was gerade passiert. Und auch für die Erinnerung an den geplanten Dienst durch freundliche Kollegen gab es eine Lösung – eine automatisierte E-Mail.

Problem gelöst – aber nicht immer ist es so einfach.

2. Am Ball bleiben – ohne Fleiß kein ...

Bei einem anderen Projekt ging es um mehrere europäische Keyplayer der Stahlindustrie und um den Aufbau eines zentralen Marktplatzes in Brüssel. Ein großes Projekt mit fast fünfzig Personen, mehreren Standorten und Kollegen aus Spanien, England, USA und Indien. Hier waren mehr klassische Projektmanagement-Methoden gefragt. Meine Aufgabe als Projektleiter war es, sowohl das Team zu koordinieren als auch den Kundenkontakt zu halten. Irgendwann war der Kunde unzufrieden und wollte mich nicht mehr sehen. Was tun? Ich sprach mit meinem Chef und uns war schnell klar, dass es hier keine so wirkliche Alternative gibt und ich weiter das Team koordinieren solle. Also übernahm ein Kollege die Aufgabe, mit dem Kunden zu kommunizieren. Ich kümmerte mich in Hintergrund weiter um das Team und die aktuellen Aufgaben.

Nach einiger Zeit lief alles wieder besser. Mein Kollege präsentierte weiterhin die Ergebnisse – auch wenn dem Kunden längst klar war, dass ich die Fäden zusammenhielt. Der Go-Live Termin rückte näher und das Projekt ging erfolgreich an dem geplanten Termin in Produktion. Besonders wichtig – auch das Budget wurde eingehalten. Der Kunde bedankte sich bei allen – aber nur eine Person wurde namentlich lobend erwähnt ... und das war ich. Manchmal braucht es einen langen Atem, bis alles rund läuft.

Lasst euch nicht entmutigen und bleibt am Ball – dies gilt im Kleinen wie im Großen.

3. Tools und Events für bessere Ergebnisse

Klar, die Kaffeepause oder der Austausch beim Mittagessen mit Kollegen entfällt, wenn alle im Homeoffice sitzen. Daher muss verteiltes Arbeiten gut geplant werden. Nach über zwanzig Jahren als IT-Berater und Projektleiter habe ich gelernt, dass jedes Problem eine individuelle, kreative Lösung braucht. Es gibt kein „one fits all". Die normale Bürokommunikation geht auch online – muss aber gut geplant werden. Viele Ideen können aus dem Fundus der agilen Methoden übernommen werden. So hilft morgens ein „Daily" für 5-10 Minuten, damit alle wissen, welche Aufgaben anstehen. Es gibt Tools wie z.B. JIRA, um die Planung zu visualisieren – manchmal reicht auch eine zentrale Excel-Datei.

Ein wichtiger Punkt ist, aus Fehlern zu lernen, um besser zu werden (auch „continuous improvement" genannt). Es ist ideal, wenn der Rückblick (auch Retrospektive genannt) im Rahmen eines persönlichen Treffens erfolgt. Auch online ist eine „Retro" problemlos möglich, da es viele sehr gute webbasierte Tools gibt, die mit „virtuellen" Karteikarten arbeiten. Einiges geht online sogar besser – so können mit Zoom viel schneller zufällige Gruppen zusammengestellt werden, die ein konkretes Thema betrachten. Vieles gilt online genauso wie offline: Beispielsweise trägt ein erfahrener Moderator dazu bei, dass alles konstruktiv abläuft und Ergebnisse protokolliert werden.

Was ist mit Kaffeepause und gemeinsamem Mittagessen? Hier sind Team-Aktivitäten ein guter Ersatz. Hier ein paar Ideen: virtuelles Freitagsbier, Online-Cocktail-Seminar, gemeinsamer Quizabend oder ein „offline" Teamevent mit einer gemeinsamen Challenge wie Eisstockschießen, House-Running oder einer Übernachtung im Wald. Unvergesslich ein Eishockeyspiel, wo wir alle mit Hockeyklamotten ausgestattet wurden und auch Kollegen aus England und Spanien mit am Start waren. Der Kollege aus Spanien machte extra viele Fehler beim Schlittschuhlaufen, damit ihn die nette österreichische Trainerin persönlich coachte, und beim anschließenden Hockeyspiel schützte uns nur der dicke Eishockeyanzug vor den draufgängerischen Angriffen der Engländer. Alle hatten Spaß und ich war sehr erstaunt, wie konstruktiv der gemeinsame Projektrückblick am nächsten Tag war.

Die Mischung macht's – lasst euch nicht entmutigen, verteiltes Arbeiten macht Spaß.

Nicole Traut

Stress-Coach für erschöpfte Powerfrauen

E: nicole@nicoletraut.com
HP: https://www.nicoletraut.com

Mein Name ist Nicole und ich bin die Frau, die alles hat

Zumindest war das das Bild, das ich jahrelang nach außen aufgebaut hatte. Studium mit 22 abgeschlossen, Führungsposition in der Automobilindustrie mit dreißig, perfekte Ehe, Eigenheim am Bodensee, mehrmals im Jahr Urlaub an den ausgefallensten Orten – das perfekte Traumleben.

Niemand durfte sehen, wie es mir wirklich ging – wie es in meinem Innersten wirklich aussah. Denn innerlich war ich zerrissen und geplagt von Angst und Selbstzweifeln, gepaart mit einem kaum vorhandenen Selbstwertgefühl.

Ich habe immer versucht, es allen recht zu machen:

Meinen Mitarbeitern, meinen Vorgesetzten, meinem Mann, meinen Freunden, meiner Familie, meinen Schwiegereltern – einfach allen, die mir begegnet sind. Immer angepasst sein, bloß nicht auffallen, nie die Meinung sagen.

Viel zu groß war die Angst vor Ablehnung, die Angst, nicht geliebt zu werden und das Gefühl, nicht gut genug zu sein. Mein wahres Selbst kannte ich kaum noch, so verborgen war es hinter all den Mauern, die ich mir aufgebaut hatte. Und für meine eigenen Bedürfnisse war in meinem Leben schon lange kein Platz mehr.

Mein Körper hat mich frühzeitig gewarnt und mich irgendwann auf die harte Tour gezwungen, mir eine Auszeit zu nehmen – immer öfter wurde ich von schwerer Migräne geplagt. Dass das alles mit meinem Stress zusammenhängt und damit, dass ich mich nur um andere und nie um mich selbst kümmerte, wurde mir erst sehr viel später bewusst. Inzwischen habe ich all das erkannt, denn seit ich gelernt habe, Grenzen zu setzen und auf meine

Bedürfnisse zu achten, ist auch meine Migräne verschwunden. Heute achte ich auf mich und mein Körper muss mich nicht mehr dazu zwingen, mir die Zeit zu nehmen, die ich für mich brauche.

Irgendwann ist das perfekte Bild, das ich mir aufgebaut hatte, nach und nach zusammengebrochen. Meine Ehe, die schon längst nur noch nach außen perfekt war, war am Ende und ich selbst bin eines Morgens aufgewacht und wusste nicht mehr, wie ich aufstehen und den Tag bewältigen soll – so kraftlos fühlte ich mich und so tief war meine Verzweiflung und meine gefühlte Hilflosigkeit. Ich kannte Burnout bereits aus dem Freundes- und Kollegenkreis und ich wusste:

So kann es nicht mehr weitergehen.

Damals habe ich immer noch die Ursache im Außen gesucht – alle anderen waren Schuld an meinem Unglück. Ich war überzeugt, dass ein Jobwechsel all meine Probleme lösen würde. Ein guter Freund hat dann den Stein ins Rollen gebracht. Er sagte mir: „Du kannst das machen, – aber es wird nicht dein Problem lösen. Du musst bei dir selbst anfangen und an dir arbeiten!"

Ich habe ihn damals nicht verstanden und doch habe ich mir seine Worte zu Herzen genommen, – denn ich wusste, dass er selbst bereits einen Burnout hinter sich hatte und dass er genau weiß, wovon er spricht.

Also fing ich an, mich mit mir und meinem Stress zu beschäftigen – und ich erkannte, dass ich es selbst in der Hand habe, was mich stresst und ob ich mich stressen lasse. Und dass ich mit einiger Übung sogar dazu in der Lage bin, mein Stress-Level selbst zu regulieren, – denn ich entscheide selbst, wie ich Situationen bewerte und ob ich nur die Probleme sehe oder auch die Chancen, die jede Herausforderung mit sich bringt. So konnte ich plötzlich auch meinen Job aus einer neuen Perspektive betrachten.

Die intensive Beschäftigung mit mir selbst brachte mich aber auch dazu, meine Werte zu hinterfragen und mich zu fragen, was mir im Leben wirklich wichtig ist. Und ich erkannte, dass das, was ich jeden Tag tue, mir nicht die Erfüllung bringt, die ich mir wünsche.

Denn für mich stand immer der Mensch im Vordergrund.

Menschen weiterzubringen und in ihrer persönlichen Entwicklung zu unterstützen, ist das, was mich erfüllt – und leider auch das, was im hektischen Projektgeschäft mit harten Deadlines oft zu kurz kommt.

Noch während meiner Führungstätigkeit habe ich nebenberuflich eine Ausbildung zum Stress-Coach gemacht und damit meine Erfüllung gefunden.

Der Schritt in die Selbstständigkeit war ab diesem Moment nur noch eine Frage der Zeit.

Heute helfe ich Frauen, die selbst in dieser Situation sind, in der ich einst war. Frauen, die alles erreicht haben und sich trotzdem erschöpft und ausgebrannt fühlen.

Bei mir lernen sie, ihre Bedürfnisse wieder wahrzunehmen und sich Zeit für sie zu nehmen, Grenzen zu setzen und sie auch zu kommunizieren, ganz ohne schlechtes Gewissen. Ich zeige ihnen, wie sie ihre Ängste überwinden, sich aus der Opferrolle befreien und ihr Leben wieder in die Hand nehmen können. Und wie sie in ihre Selbstliebe und ihre weibliche Kraft kommen und dadurch plötzlich alles mit Leichtigkeit in ihr Leben ziehen.

Auch du hast es in der Hand! Befreie dich aus deiner Opferrolle, sprenge deine Ketten und nimm dein Leben in die Hand! Führe endlich das Leben, das du dir wünschst! Veränderung beginnt in dir – und ich helfe dir gerne dabei.

© Fotograf: Dominik Pfau

Kai Frauenfelder

Ernährungscoach

T: +49 176 62571900
E: info@kai-frauenfelder.de
HP: https://www.kai-frauenfelder.de

Gesund essen ohne Quälerei

Hallo zusammen, wer von euch kennt das: hier hin rennen, da hin rennen, um abzunehmen und/oder sich gesund ernähren zu wollen?

Achterbahnfahrt der Pfunde

Das hab ich leider auch hinter mir. Es fing bei mir im zarten Alter von 19/20 Jahren mit 90 kg an, ging hoch auf schlappe 120 kg und dann runter auf ca. 60 kg, natürlich mit vielen Mühen und Quälereien. Dies hielt auch eine gewisse Zeit an, bis das erste Kind kam, bei dem ich natürlich auch mit schwanger war.

Nach drei Jahren stand die zweite Schwangerschaft an und wie sollte es anders sein, ich war wieder mit schwanger, und man ahnt es, es waren wieder die 90 kg bei mir. Es hat auch wieder sehr lange gedauert und viel Schweiß gekostet, das runter zu bekommen. Nach einigen Jahren des relativ gleichbleibenden Gewichts bei ungefähr 70-75 kg kam dann die Gesundheitskeule bzw. die Krankheit(en), die dazugehörigen Depressionen, Operationen und – als ob das nicht reichte – noch Herzinfarkte. Was da natürlich nicht ausbleibt, sind Gewichtsschwankungen, hervorgerufen durch Cortison, Antidepressiva, Blutdrucksenker und Bewegungsmangel. Naja, und wenn man dann durch die gesundheitlichen Einbrüche am Boden liegt, ist der innere Schweinehund nun mal stärker als man selbst.

Niemand wusste, wie es geht

Nach einiger Zeit bin ich zu Ernährungsberatern gerannt, von einem zum nächsten. Leider konnten diese mir nicht helfen, weil, nun ich bin der Meinung mit Schubladendenken und alle gleich behandeln, wie das die meisten machen, ist das irgendwie der falsche Ansatz. Ich musste dann ja trotzdem versuchen, das Gewicht runter zu bekommen. Ihr könnt euch ja denken, das Gewicht zu verlieren, ist relativ einfach, aber es auch da zu belassen, um so schwerer, und dabei noch eine gesunde Ernährung zu haben, ist das schwierigste. Klar mit Wasser und Brot bleibt das Gewicht vielleicht unten, ist aber nicht wirklich gesund.

Gewohnheiten können auch krank machen

Naja, vor allem, wenn man so wie ich vier Herzinfarkte hatte und eine sogenannte Fettstoffwechselstörung noch dazu, ist die Gesundheit das Wichtigste. Gesund ernähren heißt ja auch gesund kochen, und da denken die meisten sofort: Gesund ist gleich Gemüse und Co. Das schmeckt doch nicht, und wie soll ich da Geschmack ans Essen bekommen. Die meisten haben im Gewürzschrank zu Hause Maggie, Salz, Pfeffer, Paprika, Muskatnuss, eventuell noch Basilikum und Thymian, nicht zu vergessen die Fix-Tüten. So sieht es in den meisten deutschen Küchen leider aus, ach ja und ganz wichtig, nicht zu vergessen das Olivenöl, womit viele sogar braten. Gar nicht gut!

Der Kopf macht den Unterschied

Ich weiß, dass gesundes Essen und abnehmen kein Widerspruch sind, es funktioniert. Ich finde, wie auch meine Ärzte, ich habe einen recht gesund aussehenden Körper. Es ist aber nicht nur die Ernährung, denn wenn der Kopf das nicht will, bringt es alles nichts. Denn der Kopf macht den Unterschied. Beim Kochen fängt der Kopf an zu sagen, ich freu mich auf das Ergebnis, so wie auch bei der Vorbereitung. Ich kann euch zeigen, wie es funktioniert bzw. funktionieren könnte. Am liebsten im Einzel-Coaching, denn in Gruppen mit teilweise fünfzig Leuten bleibt immer jemand „auf der Strecke".

Wenn ich mit euch allen in der Küche stehen würde, könnte ich mich da um jeden kümmern, ginge das bei fünfzig Leuten? Könntest du, wenn du ganz hinten in so einer Lehrküche stehst und zaghaft die Hand hebst und schüchtern etwas sagst, dann gehört werden von mir? Ich glaube es nicht, da seid ihr doch auch meiner Meinung, das funktioniert nicht, oder? Daher mein Motto: Eins zu Eins bzw. mit der Familie, weil auch sie Spaß am gesunden leckeren Essen haben wollen.

Wenn ihr Interesse habt, dann meldet euch bei mir und ich zeige euch einen Weg, wie ihr gesund und lecker abnehmen könnt oder einfach nur gesund kochen könnt.

Einen Tipp gebe ich euch noch mit, nehmt zum Braten Kokosöl, euer LDL-Cholesterin (das schlechte) dankt es euch.

Karsten Oltersdorf

Vetriebsingenieur

HP: https://www.the-matterhorn.de

Karsten Oltersdorf

Was ist das Wichtigste im Unternehmen?

Na, klar, es ist das Angebot: das Produkt oder die Dienstleistung. Aber genauso wichtig ist der Vertrieb. Der Vertrieb ist nicht alles. Aber ohne Vertrieb ist alles nichts.

Und was im Vertrieb zählt, ist das Ergebnis: egal ob am Tages-, Monats- oder Jahresende. Zur Bewertung des Ergebnisses gibt es oft nur zwei Emotionen: entweder Top oder Flop. Viele Unternehmer haben ihren Vertrieb mittlerweile digital aufgestellt und sind auf digitalen Kanälen oder Social Media sichtbar. Der Start mit digitaler Werbung ist jedoch oft holprig, so dass dort schnell Geld verbrannt wird. Die erste Werbung läuft selten im ersten Anlauf profitabel.

Wie ein digitaler Vertriebstrichter prinzipiell funktioniert, ist schnell erklärt: oben Visitenkarten oder Kontakte bzw. Leads rein – unten kommt der Umsatz raus. Dazwischen liegt die Magie: die Kunden förmlich so zu verzaubern, dass sie das Angebot und den Anbieter kennen lernen, lieben lernen und Vertrauen aufbauen. Dann ist die Entscheidung zum Kauf schnell getroffen. Digitaler Vertrieb kann sehr schnell funktionieren: Auf Knopfdruck und in Sekundenschnelle ist das Angebot verkauft und das Geld da.

Bei komplexeren Produkten oder Dienstleistungen ist das meist ein längerer Prozess. Auch in der digitalen Welt braucht der etwas Zeit. Deshalb bitte nicht bei der ersten Nachricht pitchen! Gekauft werden ist das neue Kaufen.

Ich habe zehn Jahre in einem internationalen Konzern als Vertriebsingenieur gearbeitet: zuerst klassisch auf Messen, am Telefon oder im persönlichen Kundengespräch. Das sind die üblichen Wege, um Neukunden zu gewinnen. Seitdem ich für mich LinkedIn als Neukundenquelle entdeckt habe, weiß ich: „LinkedIn ist das Paradies für jeden Vertriebler." Das Geheimnis liegt darin, dieses Netzwerk richtig für sich zu nutzen. Es hat drei große Vorteile:

1. Es ist wie ein offenes Telefonbuch – mit Kontaktmöglichkeit zu Millionen potenzieller Kunden.
2. Schon mit dem kostenlosen Standard-Konto kann jeder zum Markenbotschafter für sein Angebot werden.
3. Der Algorithmus sorgt mit künstlicher Intelligenz dafür, dass jeder die für ihn relevanten Inhalte zu sehen bekommt.

Häufig bin ich mit der Aussage konfrontiert: „LinkedIn funktioniert für mich nicht." Bei kurzer Analyse stelle ich dann häufig fest, was oft die Ursache ist: Daten. Beziehungsweise fehlende Daten. Der Algorithmus von LinkedIn kann nur so gut sein, wie die Daten, mit denen er gefüttert wird. Um die Wunschzielgruppe zu erreichen, gehört zu einem sozialen Netzwerk die wichtigste Zutat: das eigene Netzwerk. Erst ab etwa tausend Kontakten versteht der Algorithmus, wer zur eigenen Zielgruppe gehört.

Ein Netzwerk mit tausend Kontakten lässt sich dabei in kurzer Zeit aufbauen. Je nach Ausrichtung mit Schwerpunkt auf bestimmte Hierarchieebenen im Unternehmen, nach Region für diejenigen, die regional aufgestellt sind oder nach Branche, wer seine Zielgruppe konkret abgrenzen kann. Außerdem verschafft ein eigenes Netzwerk eine wichtige Zutat: das Vertrauen. Potenzielle Wunschkunden vernetzen sich gerade am Anfang drei Mal häufiger, wenn es schon Verbindungen gibt. Gemeinsame Kontakte schenken Vertrauen.

Neben dem Netzwerk ist die zweite Komponente, die Vertrauen schafft: die Wirkung. Bei Vernetzungsanfragen an potenzielle Neukunden wird oft innerhalb von wenigen Sekunden die Entscheidung getroffen: Annehmen oder Ablehnen.

Zum ersten Eindruck sehe ich immer wieder den gleichen Fehler: LinkedIn ist mehr als die digitalisierte Visitenkarte. In den Slogan gehört zuerst die Kernbotschaft und nicht die Berufsbezeichnung. Erkennt das der potenzielle Kunde innerhalb weniger Sekunden, wird eine Kontaktanfrage angenommen. Liegt diese Quote bei über 50 %, ist das ein Indikator für ein Profil, das Interesse bei den Wunschkunden weckt.

Der dritte Punkt, an dem die meisten in einem sozialen Netzwerk scheitern, ist: die Sichtbarkeit. Erst mit dem richtigen Inhalt in wiedererkennbaren Formaten wird das Zielpublikum auf das Angebot aufmerksam. Um Vertrauen als Markenbotschafter aufzubauen, bedarf es einer Strategie, die verkauft: der Content-Strategie.

Durch das geschickte Verbinden von massivem Mehrwert mit Bezug zum eigenen Angebot wird das Vertrauen geschaffen und die Sichtbarkeit hergestellt. Vor dem fachlichen Inhalt kommt gerade auf einem sozialen Netzwerk die menschliche Komponente. Mit wem verbinde ich mich dort eigentlich? Dazu zählen: immer wieder Einblicke in die Arbeit mit Kunden, aber auch Einblicke zu mir als Mensch geben.

Denn auch im Zeitalter der Digitalisierung gilt: Geschäfte werden zwischen Menschen gemacht. Nicht zu unterschätzen ist dabei das Zwischenmenschliche. Das Vertrauen baut sich über die Berührungspunkte auf, die gern auch digital sein dürfen.

Braucht das alles aber nicht enorm viel Zeit, die ich lieber mit Kunden verbringe? Dazu hilft nun immer öfter ein Sales-Content-System, mit dem die richtigen Inhalte wie von Zauberhand erstellt werden. So wird es möglich, digital sichtbar zu sein und bei den Wunschkunden im Kopf zu bleiben: mehr Neukunden für weniger Budget: Neukundenquelle.de.

Das Wichtigste, um diese Strategie festzulegen, ist aber eines: die Klarheit. Klarheit über das eigene Angebot und wofür ich als Markenbotschafter stehe. Seitdem mir klar ist, dass ich anderen Menschen helfe, LinkedIn als Vertriebsparadies zu erschließen, kenne ich meine Mission: Ich bin der Vertriebsingenieur.

Aus dem Verlagsprogramm
www.loewenstern-verlag.de

Renate Wettach
**Mobbing für Fortgeschrittene
Wie Sie Ihr Leben wieder in den Griff bekommen**

Betroffene finden in diesem Buch Orientierung und Hilfestellung, damit sie nicht im Gefühlschaos versinken. Jeder kann es lernen, sich „am eigenen Schopf" aus dem „Sumpf" zu ziehen!

ePUB-Ausgabe:	12,00 Euro
Print-Ausgabe:	19,99 Euro

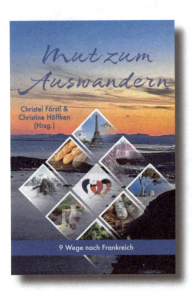

Christel Förstl & Christine Höffken (Hrsg.)
Mut zum Auswandern – 9 Wege nach Frankreich

Humorvoll, augenzwinkernd und mit der nötigen Prise Selbstironie schildern die neun deutschen Auswanderer ein einmaliges Kaleidoskop von Frankreich. Ein Buch, das geradezu süchtig nach Frankreich macht!

ePUB-Ausgabe:	9,99 Euro
Print-Ausgabe:	15,00 Euro

Aus dem Verlagsprogramm
www.loewenstern-verlag.de

Jeronym Kuhn
Streben nach Gerechtigkeit

Dieses Buch ist das Vermächtnis eines reifen Lebens sowie eine Sammlung von Denkanstößen, die keinen absoluten Wahrheitsgehalt beanspruchen. Sie sind als Diskussionsbeitrag zu verstehen. Die jüngere Generation hat das Zeug, neue Wege zu gehen, um nicht die alten Fehler zu wiederholen.

ePUB-Ausgabe:	9,99 Euro
Print-Ausgabe:	14,99 Euro

Oliver Wolf Boehm
Ich bleib mal sitzen

„Alles, außer gewöhnlich" ist das Leben eines Kreativen, eines unheilbar Kranken, eines Künstlers und von Einem, der sowieso gern, wenn notwendig gegen den Strom schwimmt, nachdenkt und Ideen sammelt.
Mit witzigen und teils sarkastischen Cartoons von Olli Boehm

ePUB-Ausgabe:	9,99 Euro
Softcover-Ausgabe:	18,00 Euro
Hardcover-Ausgabe:	25,00 Euro

Aus dem Verlagsprogramm
www.loewenstern-verlag.de

Sabine Hasslbauer
Endlich frei vom Säbelzahntiger

Narzisstischer Missbrauch als eine Form von Gewalt in zwischenmenschlichen Beziehungen und Möglichkeiten, sich daraus zu befreien.
Eine leicht lesbare Anleitung für ein unabhängiges und befreites Leben ohne Bevormundungen und Zwänge.

ePUB-Ausgabe:	10,00 Euro
Print-Ausgabe:	20,00 Euro

Maya Satis
Teilzeit Borderliner

Scheinbar harmlose äußere Einflüsse können bei Maya als Auslöser wirken, ihrem Leben ein Ende zu setzen. Wie sie dennoch überlebt, erzählt sie sehr eindrucksvoll und spannend in ihrem Buch.

ePUB-Ausgabe:	10,00 Euro
Kindle-Ausgabe:	9,99 Euro
Print-Softcover:	13,00 Euro
Print-Hardcover:	20,00 Euro

Hinweis: Der „LöwenStern Verlag" hieß vor 2018 „Pilgerwege Verlag".